普通高等学校
实验室建设与发展评估分析

马楠 等 编著

Putong Gaodeng Xuexiao
Shiyanshi Jianshe yu Fazhan Pinggu Fenxi

高等教育出版社·北京

内容简介

本书全面系统地阐述了我国普通高校实验室的建设现状与发展。主要内容包括：我国普通高校实验室的建设进展、评估方法与指标体系、基础数据分析、评估与分析方法、遇到的主要问题与对策建议，以及湖北省普通高校实验室建设的资源效益分析案例，后附全国普通高校实验室建设与发展评估情况表及实验室建设相关政策法规。作者通过分析研究"十二五"期间普通高等学校实验室建设与发展数据，剖析我国高校实验室建设与发展总体态势、特点以及存在的主要问题，提出具有针对性的对策与建议。

本书适合高校实验室工作者、实验教学相关教研人员以及高等教育实验装备领域的管理者阅读参考。

图书在版编目（CIP）数据

普通高等学校实验室建设与发展评估分析／马楠等编著． -- 北京：高等教育出版社，2019.7
ISBN 978-7-04-051943-3

Ⅰ．①普… Ⅱ．①马… Ⅲ．①高等学校-实验室管理-评估 Ⅳ．①G642.423

中国版本图书馆 CIP 数据核字（2019）第 083821 号

策划编辑	靳剑辉	责任编辑	靳剑辉	封面设计	赵 阳	版式设计	于 婕
插图绘制	于 博	责任校对	高 歌	责任印制	刘思涵		

出版发行	高等教育出版社	网　址	http://www.hep.edu.cn
社　址	北京市西城区德外大街4号		http://www.hep.com.cn
邮政编码	100120	网上订购	http://www.hepmall.com.cn
印　刷	河北鹏盛贤印刷有限公司		http://www.hepmall.com
开　本	787mm×960mm 1/16		http://www.hepmall.cn
印　张	11.25		
字　数	190千字	版　次	2019年7月第1版
购书热线	010-58581118	印　次	2019年7月第1次印刷
咨询电话	400-810-0598	定　价	45.00元

本书如有缺页、倒页、脱页等质量问题，请到所购图书销售部门联系调换
版权所有　侵权必究
物　料　号　51943-00

本书受
中国高等教育学会高等教育科学研究"十三五"规划实验室管理专项重点项目：
高校实验室发展综合监测与评价体系的研究与应用
中南民族大学教学成果奖培育项目：
基于资源整合和开放共享理念的多学科实验教学平台管理模式探索
资助

其他编著者：

陈心浩　中南民族大学实验教学与实验室管理中心

高玲玲　上海立信会计金融学院实验教学中心

陆敏峰　北京化工大学国有资产管理处

前　言

高校实验室建设是高等教育"供给侧"改革的重要组成部分，是推动实验教学及科研活动有效开展的基础支撑点。其涉及面很广，囊括场地、人员、仪器设备、经费投入等方方面面，是一个庞大复杂的发展体系。在科技飞速发展的今天，建设具有高校自身学科发展特点的现代化实验室，对人才培养和科学研究具有至关重要的作用。2010年6月21日，国务院审议并通过的《国家中长期教育改革和发展规划纲要（2010—2020年）》中多次提及实验室建设方面的工作："加强实验室、校内外实习基地等教学基本建设"。

国家层面也高度重视实验室建设与实验资源的高效利用，2008年科技部发布了《国家重点实验室建设与运行管理办法》，2014年国务院发布了《关于国家重大科研基础设施和大型科研仪器向社会开放的意见》，2015年教育部发布了《教育部重点实验室建设与运行管理办法》，2017年科技部、发展改革委、财政部三部门共同研究制定了《国家重大科研基础设施和大型科研仪器开放共享管理办法》等。这一系列文件的出台，为高校实验室的建设与发展指明了方向，并提供了重要的政策依据和抓手。

"十二五"期间，全国范围内高教事业的投入经费得到了较大的补充，实验室建设条件也随之得到改善，无论是仪器设备还是人才队伍都有了长足发展。面对如此巨大体量的实验室"家底"，如何从中挖掘资源效益，这对高等教育的"供给侧"改革有着较强的指导性价值。

本书基于分析研究"十二五"期间我国普通高等学校实验室建设与发展数据，剖析了我国高校实验室建设与发展总体态势、特点以及存在的主要问题，最后有针对性地提出对策建议，以期为国家出台相关发展政策提供决策参考。

在编撰、修改、定稿过程中，集聚了编委的辛勤工作和大量心血，全书由中南民族大学实验教学与实验室管理中心马楠主持编著，参与编撰工作的同志包括陈心浩、高玲玲、陆敏峰等。感谢高等教育出版社的领导和编辑给予的积极支持、修改建议与辛勤工作！

虽然自信本书的研究内容对准确把握我国高校实验室建设与发展水平具有一定的现实启发意义和理论指导意义，然而编者更深知本书的研究尚不十分完善。读者对于本书的疑问之处，欢迎以来信、来电等各种方式与编者商榷,同时编者也期望能够与广大学者就高校实验室建设与发展课题开展广泛深入的合作研究。

编 者

2018 年 12 月

目　录

第一章　普通高等学校实验室建设与发展研究工作的意义与进展 …… 1
一、普通高等学校实验室的定义、建设与管理 …………………… 1
（一）实验室的定义 …………………………………………… 1
（二）实验室的建设 …………………………………………… 2
（三）实验室的管理 …………………………………………… 3
二、普通高等学校实验室建设与发展的统计和评估工作的意义 …… 4
（一）普通高等学校实验室基本信息统计框架的构成 ………… 4
（二）普通高等学校实验室建设与发展评估的重要意义 ……… 12
（三）普通高等学校实验室建设与发展研究的开展 …………… 14

第二章　高校实验室建设与发展的评估方法与指标体系 ………… 17
一、评估的目的与原则 …………………………………………… 17
（一）评估的目的 ……………………………………………… 17
（二）评估的基本原则 ………………………………………… 18
二、评估方法的比较与选择 ……………………………………… 18
（一）层次分析法 ……………………………………………… 19
（二）主成分分析法 …………………………………………… 22
（三）因子分析法 ……………………………………………… 23
（四）方法的选择 ……………………………………………… 26
三、评估指标体系的选择与构建 ………………………………… 26

第三章　"十二五"期间我国高校实验室建设与发展基础数据分析 …… 29
一、实验室数量与面积 …………………………………………… 29
（一）实验室数量 ……………………………………………… 29
（二）实验室面积 ……………………………………………… 31
二、实验室仪器设备 ……………………………………………… 34
（一）实验室仪器设备数量 …………………………………… 34
（二）实验室仪器设备价值 …………………………………… 37
三、实验技术队伍 ………………………………………………… 41
（一）实验技术队伍数量 ……………………………………… 41
（二）实验人员培训 …………………………………………… 41
四、实验室经费投入 ……………………………………………… 49

五、实验室教学开展与成效 ·· 54
　　　　（一）实验教学开展 ·· 54
　　　　（二）实验教学成效 ·· 55

第四章 "十二五"期间我国高校实验室建设与发展的评估与分析 ······ 59
　　一、数据处理与模型过程 ·· 59
　　二、"十二五"期间我国高校实验室建设与发展评估结果 ············· 64
　　　　（一）高校实验室建设与发展评估结果 ································ 64
　　　　（二）高校实验室建设与发展空间差异性分析 ······················ 68
　　　　（三）高校实验室建设与发展特征分析 ································ 69

第五章 "十二五"期间我国高校实验室建设与发展存在的主要问题与对策建议 ··· 73
　　一、我国高校"十二五"期间实验室建设与发展存在的主要问题 ···· 73
　　　　（一）资源投放差异性明显，实验室发展基础差距显著 ·········· 73
　　　　（二）资源新增投入不断增强，整合共享效益不够明显 ·········· 75
　　　　（三）建设水平两极化发展，"二元结构"逐渐形成 ················ 76
　　　　（四）投入产出不匹配，发展效率各有不同 ·························· 77
　　二、实验室建设与发展的对策建议 ··· 78
　　　　（一）补齐建设发展短板，均衡资源投放力度 ······················ 78
　　　　（二）强化实验室资源共享，充分挖掘整合效益 ··················· 80
　　　　（三）转变资源投入方式，释放存量资源红利 ······················ 81
　　　　（四）动态监测以评促建，提升实验室发展效率 ··················· 82

第六章 区域高校"十二五"期间实验室建设发展资源效益水平的研究——以湖北省为例 ··· 88
　　一、模型设定、变量说明与分析框架 ······································ 88
　　　　（一）模型设定 ·· 88
　　　　（二）变量定义及数据来源 ··· 88
　　　　（三）分析框架 ·· 89
　　二、实验室建设要素投入与效益的初步比较 ····························· 89
　　三、实验室建设效益释放的要素水平分析 ································ 91
　　　　（一）实验室建设要素投入与效益释放的整体性分析 ············ 91
　　　　（二）实验室建设要素投入与效益释放的路径分析 ··············· 92
　　四、湖北省实验室建设与发展建议 ··· 94

附录一　我国普通高校实验室建设与发展状态评估 ························ 96
附录二　国家重点实验室建设与运行管理办法 ······························ 126

附录三　国务院关于国家重大科研基础设施和大型科研仪器向社会开放的意见 …………………………………………… 131

附录四　教育部重点实验室建设与运行管理办法 …………… 136

附录五　教育部重点实验室评估规则（2015年修订）………… 141

　附件1　教育部重点实验室评估指标体系 ……………………… 145

附录六　教育部办公厅关于加强高等学校科研基础设施和科研仪器开放共享的指导意见 ………………………………… 150

附录七　国家重大科研基础设施和大型科研仪器开放共享管理办法 ……………………………………………………… 153

附录八　促进国家重点实验室与国防科技重点实验室、军工和军队重大试验设施与国家重大科技基础设施的资源共享管理办法 ………………………………………………… 157

附录九　纳入国家网络管理平台的免税进口科研仪器设备开放共享管理办法（试行）…………………………………… 161

　附件1　管理单位适用简易程序申请表 ………………………… 164

　附件2　适用简易程序通知书 …………………………………… 165

　附件3　暂停适用简易程序告知书 ……………………………… 166

第一章 普通高等学校实验室建设与发展研究工作的意义与进展

一、普通高等学校实验室的定义、建设与管理

为了不断提高我国高等学校实验室的建设和管理能力,保障学校的教育质量和科学研究水平,提高办学效益,教育部在1983年制定《高等学校实验室工作暂行条例》基础上,于1992年6月27日正式印发了《高等学校实验室工作规程》(原国家教委第20号令)。文件中对实验室定义、实验室的任务、实验室的建设、实验室体制、实验室管理和实验技术人员提出了较为全面的要求。这标志着我国高校实验室的建设与管理工作进入了标准化时代,各项工作都能够"有法可依""有据可循"。

(一)实验室的定义

在《高等学校实验室工作规程》中首次对高校实验室给出明确定义,即:"高等学校实验室(包括各种操作、训练室),是隶属学校或依托学校管理,从事实验教学或科学研究、生产试验、技术开发的教学或科研实体"。并明确指出"高等学校实验室,必须努力贯彻国家的教育方针,保证完成实验教学任务,不断提高实验教学水平;根据需要与可能,积极开展科学研究、生产试验和技术开发工作,为经济建设与社会发展服务"。在文件具体落实中,根据用途和服务对象的不同,实验室有了具体的分类性定义。

教学为主实验室是指:根据各学校教学发展方向与教学实施计划,承担具体实验教学任务的实验室。实验室负责完善实验室教学指导书、实验教材与教学资料的编著与修订,安排实验指导人员为实验教学提供辅助,保证实验教学任务完成。同时,努力提升实验教学服务水平与支撑能力,吸收科学和教学的新成果,更新实验教学内容,改革实验教学方法与实验技术,通过实验培养学生理论联系实际的能力,建立以事实为依据的严谨的科学态度和分析问题、解决问题的能力。实验室要求具备对所使用仪器设备进行管理、维修、计量和标定的能力,确保仪器设备完好率高,并结合实际,自主开展实验室仪器设备(装置)的研究与改造工作。

科研为主实验室是指:根据学校学科发展需求结合教师实际科研方向,承担具体科研任务,开展科学研究实验、提供科研技术服务的实验室。实验室要求不断提升实验技能、完善实验技术条件,保证高效率、高水平地完成

科学实验任务。同时,实验室在保证顺利完成自身科研任务的基础上,需要面向全社会提供相关科学技术服务,开展学术交流与研讨。实验室要求具备对所使用仪器设备进行管理、维修、计量和标定的能力,确保仪器设备完好率高,并结合实际,自主开展实验室仪器设备(装置)的研究与改造工作。

(二)实验室的建设

高校实验室的建设需要满足五个基本条件,这五个条件的设置与后期评估工作的开展密切相关。

第一,在学校教学科研工作规划总体框架指导下,具有饱满的实验教学或科学研究任务。其中,实验教学任务"饱满"程度,针对实验室支撑开展实验教学类型的不同(基础课、专业课、专业基础课),在不同的框架体系中各有表述。如《高等学校基础课教学实验室评估标准》中提出,基础课教学实验室每学年要包含不低于9名教师的教学工作量,按照每班次50名学生计算,"饱和"工作量不能低于64 800人时数(每周4天×9名教师×每学年36周×50名学生);为达到"饱和",可以逐步推进,但首先要达到38 880人时数的"基本"工作量(每天6小时×每周4天×每学年36周×3名专职人员×每名人员指导15名学生)。《高等学校专业实验室评估标准(试行)》中提出,专业课实验室需要承担每学年不低于3 000人时数的专业实验课教学内容,或者承担5门以上的实验教学任务,并且需要在完成教学任务后实行对外开放。

第二,具有满足要求的水、电、气、通风、辐射屏蔽、废弃物处置等外部设施、场地和环境条件。

第三,具有满足教学科研任务开展的足够在用数量的仪器设备和配套材料。与对教学任务的界定相似,对于"足够在用数量"的界定在不同的框架体系中也各有表述。如《高等学校基础课教学实验室评估标准》中提出,仪器设备账、卡、物相符率需要达到100%,设备完好(可用)率不能低于80%,仪器更新率满足 $G = \dfrac{\text{近十年该类新品种仪器设备的台件数}}{\text{该类仪器设备总台件数}} \times 100\%$,机电类设备(04000000)$G>30\%$,电子类(03190000,03200000,05000000)$G>75\%$,计算机类(05010100,05010200,05010300)$G>90\%$;每个实验项目的常规仪器配置套数不低于5套(大型仪器设备除外)。《高等学校专业实验室评估标准(试行)》中提出,仪器设备账、物相符率需要达到100%,设备完好(可用)率不能低于80%,仪器设备更新率 $G = \dfrac{\text{已更新仪器设备台件数}}{\text{该类仪器设备总台件数}} \times 100\% \geqslant 60\%$;仪器设备更新机电类(04000000)20年,电子类(03190000,

03200000、05000000)15 年,计算机类(05010100、05010200、05010300)5 年。

第四,有合格的实验室主任和一定数量的专职工作人员。其中,实验室主任需要具备实验教学或科研工作经验,学院(系)实验室主任需要具有副教授或同等级职称的人员担任。实验室工作人员具体分为:实验指导教师、实验研究人员、工程技术人员、实验技术人员、实验室管理人员。

第五,具有科学合理的工作规范和完善的管理制度。在学校层面应有一名校(院)长主管全校实验室相关工作,并建有职能明确的行政机构(处、科)。对于国家级、省部级重点实验室、实验教学示范中心的设立、调整和撤销要经过上级主管部门批准方能执行;对于校级实验室的设立、调整和撤销要经学校批准方能执行。实验室的建设与发展规划,要纳入学校整体的学科发展规划当中,使其能够有效满足教学与科研工作开展的需要。落到具体制度的制定,需要建立有实验教学、科研、社会服务的管理与审核评估制度;实验室工作人员的任用与管理制度;实验室资产的管理制度;实验室相关经费的使用与管理制度等。

(三)实验室的管理

随着高等教育教学方式的不断发展,实验室管理方式也在逐渐更新,各类实验教学管理系统、实验室综合管理系统、实验室资产管理系统、实验室安全考试系统、实验室仪器设备开放共享系统、实验室人员管理系统、虚拟实验教学系统等被广泛应用,实现了动态统计与分析实验室工作、人员、资产、教学等相关数据的功能,这在很大程度上提升了高校实验室的管理水平。

由于实验室教学与科研实验的特殊性,其承担相当的用水、用电、用气、危险化学品、核辐射等方面的实验安全防护工作压力。因此,对于实验室安全相关工作的管理被提高到了很高的水平。在《高等学校实验室工作规程》中明确指出,高校各类实验室要严格遵守国务院颁发的《化学危险品安全管理条例》。同时,学校实验室管理与使用部门必须定期检查安全隐患并监督整改,加强师生安全实验相关教育工作。对于在实验过程中产生的废气、废固、废液等有毒有害物质,需要进行无害化处理后方能进行排放,对于没有能力处理的高校需要依托具有合法资质的公司进行合法处理。

实验室评估制度的建立是高校衡量自身实验室发展状态、优化调整实验室建设思路的重要举措,是实验室管理的重要工作环节。从国家层面来看,目前高校评估工作中涉及实验室的主要有三项,分别是"高等教育基层统计"(由教育部规划司主导)、"高等教育质量检测"(由教育部高等教育教学评估中心主导)、"普通高等学校实验室基本信息统计"(由教育部高教司主导）。统计所得数据是评判全国高校实验室建设发展状态、审核高校基本办学条件的重要依据之一，同时也是制定政策文件指导全国高校实验室建设与发展的数据支撑。从省（区、市）级层面来看，其是教育主管部门判断本地区高校实验室建设发展水平、寻求发展增长点与突破点的依据，也是本地区在国家高校实验室建设与发展政策指导下，制定符合自身实际情况政策的数据支撑。从高校层面来看，大部分高校均建立有适应自身办学特点的实验室评估考核制度，与国家和省级相似，其是判断自身定位和制定文件的依据；除此之外，其也是高校实验室设立、效益考核、设备采购、人员管理、教学开展等系列工作的说服性指标。

二、普通高等学校实验室建设与发展的统计和评估工作的意义

由于高校实验室建设与发展涉及高校"人、财、物、场地"等方方面面资源的投入，是一个系统工程，是高等教育"供给侧"改革的重要组成部分，因此国家长期以来始终高度重视高校实验室的建设与发展工作，在国务院审议并通过的《国家中长期教育改革和发展规划纲要（2010—2020年）》中多次提及实验室建设方面的事宜。为准确掌握高校实验室建设发展动态信息，国家将"普通高等学校实验室基本信息统计"工作纳入了法定范畴，并由教育部制定了7张能够涵盖实验室各方面建设发展信息的基础表格。至今，2006年新版高校实验室信息统计架构已经执行十余年，数据积累丰富，历史积累深厚。

（一）普通高等学校实验室基本信息统计框架的构成

"普通高等学校实验室基本信息统计"工作所涵盖的7张实验室基础信息表分别是：基表一　教学科研仪器设备表（SJ1）、基表二　教学科研仪器设备增减变动情况表（SJ2）、基表三　贵重仪器设备表（SJ3）、基表四　教学实验项目表（SJ4）、基表五　专任实验室人员表（SJ5）、基表六　实验室基本情况表（SJ6）、基表七　实验室经费情况表（SJ7）。在此基础之上会生成两张综合表格：综表一　高等学校实验室综合信息表（SZ1）、综表二　高等学校实验室综合信息表（SZ2）。

1. 教学科研仪器设备表

主要统计反映高校实验室教学科研仪器的基本情况。其中，仪器设备是指供实验室教学、科研工作开展所使用的单价高于800元的仪器设备。参照《高等学校固定资产分类及编码》，除实验室场地资源（01类）、实验用

植被土地(02类)、实验图书(11类)、实验室所含家具(13类)、实验用服装道具(15类)5大类以外,所有固定资产均纳入仪器设备管理范畴。具体内容如表1-1所示。

表1-1 教学科研仪器设备表

内容	说明
学校代码	按教育部规定的高等学校5位数字码填报
仪器编号	学校内部使用的仪器设备编号,在本校内具有唯一性
分类号	对仪器设备进行统一分类的编码,按教育部高教司颁发的《高等学校固定资产分类及编码》填写
仪器名称	与《高等学校固定资产分类及编码》中的分类号所对应的名称一致
型号	按仪器设备标牌或说明书标示填写
规格	指仪器设备的规格和主要技术指标
仪器来源	① 购置;② 捐赠:指自然人、法人或者其他组织自愿无偿向学校捐赠的仪器设备;③ 自制:主要部分是自行设计、加工、制造的仪器设备;④ 校外调入:除前三项外的其他来源
国别码	指仪器设备的生产国家代码,以产品标牌标示的产地为准,依据为《世界各国和地区名称代码》
单价	指仪器设备包括附件在内的总价格
购置日期	指仪器设备到校验收日期
现状码	仪器设备使用的状态,分别有:在用、多余、待修、待报废、降档、其他
使用方向	仪器设备的使用性质,分别有:教学、科研
单位编号	指学校自编的仪器设备所在单位编号,校内具有唯一性
单位名称	指仪器设备所在单位名称

2. 教学科研仪器设备增减变动情况表

主要统计反映高校实验室教学科研仪器的新购、报废与调整情况,其所涵盖的仪器设备范围与表1-1一致。具体内容如表1-2所示。

表1-2 教学科研仪器设备增减变动情况表

内容	说明
学校代码	按教育部规定的高等学校5位数字码填报

续表

内容	说明
上学年末实有数(台件)	上学年末实有仪器设备台件数
上学年末实有数(金额)	上学年末实有仪器设备金额数
上学年末实有数中 10 万元(含)以上(台件)	上学年末实有 10 万元(含)以上仪器设备台件数
上学年末实有数中 10 万元(含)以上(金额)	上学年末实有 10 万元(含)以上仪器设备金额数
本学年增加数(台件)	指新购、校外调入、接受捐赠、自制的仪器设备,不包括校内单位之间转入的仪器设备,应为本学年全校实际增加仪器设备台件数
本学年增加数(金额)	指新购、校外调入、接受捐赠、自制的仪器设备,不包括校内单位之间转入的仪器设备,应为本学年全校实际增加的仪器设备金额数
本学年减少数(台件)	指报废、丢失、退库、捐出、调出校外的仪器设备,不包括校内单位之间转出的仪器设备,应为本学年全校实际减少的仪器设备台件数
本学年减少数(金额)	指报废、丢失、退库、捐出、调出校外的仪器设备,不包括校内单位之间转出的仪器设备,应为本学年全校实际减少的仪器设备金额数
本学年末实有数(台件)	本学年末仪器设备实有台件数
本学年末实有数(金额)	本学年末仪器设备实有金额数
本学年末实有数中 10 万元(含)以上(台件)	本学年末实有 10 万元(含)以上仪器设备台件数
本学年末实有数中 10 万元(含)以上(金额)	本学年末实有 10 万元(含)以上仪器设备金额数

3. 贵重仪器设备表

主要统计反映高校实验室教学科研仪器的基本情况。其中,仪器设备是指在供实验室教学、科研工作开展所使用的单价高于 40 万元的仪器设备。具体内容如表 1-3 所示。

表1-3 贵重仪器设备表

内容	说明
学校代码	按教育部规定的高等学校5位数字码填报
仪器编号	学校内部使用的仪器设备编号,在本校内具有唯一性
分类号	对仪器设备进行统一分类的编码,按教育部高教司颁发的《高等学校固定资产分类及编码》填写
仪器名称	与《高等学校固定资产分类及编码》中的分类号所对应的名称一致
单价	指仪器设备包括附件在内的总价格
型号	按仪器设备标牌或说明书标示填写
规格	指仪器设备的规格和主要技术指标
使用机时(教学)	用于教学工作的使用机时数
使用机时(科研)	用于科研工作的使用机时数
使用机时(社会服务)	用于社会服务的使用机时数
使用机时(其中开放使用机时)	仪器对用户开放使用(用户自行上机测试、观察样品)的机时数
测样数	本学年在本仪器设备上测试、分析的样品数量
培训人员数(学生)	本学年在本仪器上培训的能够独立操作的学生数
培训人员数(教师)	本学年在本仪器上培训的能够独立操作的教师数
培训人员数(其他)	本学年在本仪器上培训的能够独立操作的其他人员数
教学实验项目数	本学年利用本仪器设备开设的列入教学计划的实验项目数
科研项目数	本学年利用本仪器设备完成的各种科研项目或合作项目数
社会服务项目数	本学年利用本仪器设备完成的为校外承担的社会服务项目数
获奖情况(国家级)	利用本仪器设备在本学年获得的国家级奖励情况
获奖情况(省部级)	利用本仪器设备在本学年获得的省部级奖励情况
发明专利(教师)	利用本仪器设备教师在本学年获得的已授权发明专利数
发明专利(学生)	利用本仪器设备学生在本学年获得的已授权发明专利数

续表

内容	说明
论文情况（三大检索）	利用本仪器设备在本学年发表论文情况。三大检索指：SCI、EI、ISTP
论文情况（核心刊物）	利用本仪器设备在本学年核心期刊发表论文情况
负责人姓名	指本仪器设备或机组的负责人姓名

4. 教学实验项目表

主要统计反映高校实验室所支撑的实验教学活动开展情况。具体内容如表 1-4 所示。

表 1-4　教学实验项目表

内容	说明
学校代码	按教育部规定的高等学校 5 位数字码填报
实验编号	学校内部使用的编号，在本校内具有永久唯一性。若实验撤销，该实验编号将不再使用。如果实验内容更新较大，则应另设新的实验编号及实验名称
实验项目名称	实验项目名称
实验类别	实验类别分为：基础课、专业课、专业基础课、其他
实验类型	实验类型分为：演示性、验证性、综合性、设计研究、其他
实验所属学科	依据《中国普通高等学校本科专业设置大全》
实验要求	实验要求分别为：必修、选修、其他
实验者类别	指参加本实验项目的人员类别，分别为：博士生、硕士生、本科生、专科生、其他
实验者人数	指参加本实验项目的总人数。一个实验项目无论分几次做完，参加这个实验项目的总人数不变
每组人数	指教学实验项目中在每套仪器设备上同时完成本实验项目的人数
实验学时数	指完成本实验项目的实际学时数，不包括实验准备时间
实验室编号	学校自编的实验室编号，校内具有唯一性
实验室名称	完成本实验项目的实验室名称

5. 专任实验室人员表

主要统计反映高校实验室专任工作人员的基本情况,其中专任实验室人员是指编制和岗位均在实验室的工作人员。具体内容如表1-5所示。

表1-5 专任实验室人员表

内容	说明
学校代码	按教育部规定的高等学校5位数字码填报
人员编号	学校人事部门的人员编号,校内具有唯一性
实验室编号	学校自编的实验室编号,校内具有唯一性
实验室名称	实验室名称
姓名	姓名
性别	性别
出生年月	出生年月
所属学科	依据《中国普通高等学校本科专业设置大全》
专业技术职务	依据《专业技术职务代码》
文化程度	依据《文化程度代码》
专家类别	具有国家认可的学术地位的人员,具体分为:院士、长江学者、杰出青年基金获得者、国家级教学名师、省级教学名师
国内培训(学历教育时间)	本学年国内学历教育时间
国内培训(非学历教育时间)	本学年国内非学历教育时间
国外培训(学历教育时间)	本学年国外学历教育时间
国外培训(非学历教育时间)	本学年国外非学历教育时间

6. 实验室基本情况表

主要统计反映高校实验室建设与发展的基本情况,需要注意的是此处所指实验室是指经学校正式批准的教学和科研建制实验室,如由几个实验室(分室)联合而成的实验中心(实验室),算作一个建制实验中心(实验室)。具体内容如表1-6所示。

表1-6 实验室基本情况表

内容	说明
学校代码	按教育部规定的高等学校5位数字码填报

续表

内容	说明
实验室编号	学校自编的实验室编号,校内具有唯一性
实验室名称	实验室名称
实验室类别	实验室类别分为:国家级实验教学示范中心、省级实验教学示范中心、按平台建设的校、院(系)实验室、其他实验室
建立年份	实验室经学校正式批准建立的年份
房屋使用面积	房屋使用面积
实验室类型	实验室类型分为:教学为主、科研为主、其他
所属学科	依据《中国普通高等学校本科专业设置大全》
教师获奖与成果(国家级)	本学年本实验室专任人员获得的国家级奖励与成果情况
教师获奖与成果(省部级)	本学年本实验室专任人员获得的省部级奖励与成果情况
教师获奖与成果(发明专利)	学年本实验室专任人员获得的发明专利情况
学生获奖情况	本学年学生省部级及以上获奖项目数
教学方面论文和教材情况（三大检索收录）	本学年发表的教学论文篇数以及正式出版的实验教材数。三大检索指:SCI、EI、ISTP
科研方面论文和教材情况（三大检索收录）	本学年发表的科研论文篇数以及正式出版的实验教材数。三大检索指:SCI、EI、ISTP
教学方面论文和教材情况（核心刊物）	本学年在核心期刊发表的教学论文篇数
科研方面论文和教材情况（核心刊物）	本学年在核心期刊发表的科研论文篇数
论文和教材情况(实验教材)	正式出版的实验教材数
科研及社会服务情况中科研项目数（省部级以上）	本学年列入学校科研计划,为校外承担的各种省部级(含)以上科研项目或合作项目数
科研及社会服务情况中科研项目数（其他）	本学年列入学校科研计划,为校外承担的其他各种科研项目或合作项目数
科研及社会服务情况中社会服务项目数	本学年未列入学校科研计划,为校外承担的社会服务项目数

续表

内容	说明
科研及社会服务情况中教研项目数（省部级以上）	本学年本实验室专任人员承担的各种省部级（含）以上教研项目数
科研及社会服务情况中教研项目数（其他）	本学年本实验室专任人员承担的其他各种教研项目数
毕业设计和论文人数（专科生人数）	本学年在本实验室完成毕业设计和毕业论文的专科生学生人数
毕业设计和论文人数（本科生人数）	本学年在本实验室完成毕业设计和毕业论文的本科生学生人数
毕业设计和论文人数（研究生人数）	本学年在本实验室完成毕业设计和毕业论文的研究生学生人数
开放实验个数（校内）	本学年对校内学生开放实验的个数
开放实验个数（校外）	本学年对校外学生开放实验的个数
开放实验人数（校内）	本学年参加开放实验的校内学生人数
开放实验人数（校外）	本学年参加开放实验的校外学生人数
开放实验人时数（校内）	本学年参加开放实验的校内学生人时数
开放实验人时数（校外）	本学年参加开放实验的校外学生人时数
兼任人员数	是指除专任实验室人员以外的在实验室工作的人员数量
实验教学运行经费	指材料消耗、调研、新实验开发、水电费等经费，不含仪器设备维护经费
实验教学运行经费（其中教学实验年材料消耗费）	是指用于教学实验的材料消耗费

7. 实验室经费情况表

主要统计反映高校实验室建设与发展所需经费的投入情况。具体内容如表1-7所示。

表1-7 实验室经费情况表

内容	说明
学校代码	按教育部规定的高等学校5位数字码填报
实验室个数	学校实验室（建制）总数量

续表

内容	说明
实验室房屋使用面积	实验室房屋使用面积
经费投入总计	指仪器设备购置经费、仪器设备维护经费、实验教学运行经费、实验室建设经费、实验教学研究与改革经费、其他经费的总计
仪器设备购置经费	用于购置仪器设备的经费
仪器设备购置经费（其中教学仪器购置经费）	用于购置教学仪器设备的经费
仪器设备维护经费	用于仪器设备运行、维修、维护的经费
仪器设备维护经费（其中教学仪器维护经费）	用于教学仪器设备运行、维修、维护的经费
实验教学运行经费	指用于材料消耗、调研、新实验开发、水电等经费，不含仪器设备维护经费
实验教学运行经费（其中年材料消耗经费）	指用于教学实验中本学年材料消耗的经费
实验室建设经费	用于实验室基建、修建和改建的经费
实验教学研究与改革经费	用于实验教学研究与改革的经费
其他	除以上5类以外的其他实验室和实验教学方面的经费

（二）普通高等学校实验室建设与发展评估的重要意义

实验室是我国普通高等学校的重要组成部分，是理论与实践相结合、提高学生动手能力和创新能力的关键支撑，对高校实验室建设与发展状态进行综合评估无疑具有重要的理论与现实意义。

1. 理论意义

我国长期以来高度重视教育工作，"十二五"期间，特别是党的十八大以来，我国教育事业取得长足发展，并做出了"我国教育总体发展水平已经进入世界中上行列"的论断。2015年联合国教科文组织在研究报告中提出"高等教育正在发生革命性变革……从注重'技术范式'到注重'科学范式'再到注重'工程范式'"。2016年我国提出"新工科"概念，从一个全新的视角提出了工科建设的"中国方案"。所有这些正在发生的变革，其最为根本的目的之一便是为了不断提升人才的创新能力与动手能力，而这恰恰是给高校实验室高水平发展提出了新的要求和方向。

高校实验室建设改革是我国教育事业"供给侧"改革的重要组成部分。我国高校发展已经悄然进入"弯道超车时代",面临着前所未有的管理变革与政策创新。高校实验室的建设无疑应该成为各级教育主管部门关注的重要内容之一。运用协同发展理论的框架和基本方法指引高校实验室的建设与发展,理顺实验室"人、财、物"等方方面面资源投入的基本脉络,优化创新实验室管理方式,将有助于提高高校实验室的建设水平,明确实验室的发展方向,对于提高实验室对创新型人才培养的支撑和辅助能力具有非常重要的现实意义。

本书所提出的理论其意义在于初次探索了我国普通高等学校实验室建设与发展的基本模式,丰富了教育学在实践中的应用,并同时丰富了教育学的相关理论。本书有针对性地将实验室各方面因素相互结合,对促进建设高水平实验室具有较强的理论参考意义。

2. 现实意义

高校实验室建设与发展状态的评估对于贯彻落实国家教育发展政策,提升实验室建设水平,具有重要的现实意义。

第一,从经费投入力度来看,高校实验室建设发展关系到我国财政性教育经费的投入效果。

通过"十二五"期间的发展,我国各类、各级年度高等教育财政性教育经费中用于高校实验室建设与发展的经费已达到较高水平,如2015年就达到455.61亿元(仪器设备购置经费305.92亿元、实验室房屋建设与改造经费49.63亿元、仪器设备维修维护经费35.67亿元、实验教学运行经费57.67亿元、实验教学研究与改革6.73亿元)。如此巨量资金的使用,直接关系到我国财政性教育经费的投放成效。

第二,从资源产出效益来看,高校实验室资源总量巨大,是高校社会效益不可或缺的一环。

场地资源方面,"十二五"末高校实验室数量达到30 914个,实验室面积突破3 000万平方米;设备资源方面,"十二五"末高校实验室仪器设备数量已达到2 000多万台套,资产价值近3 000亿元,其中40万元以上贵重仪器设备近5万台套,资产价值突破500亿元。如此巨量实验资源,会为全社会科学研究工作提供充足的资源共享来源,有效发挥高校实验室的社会效益。

第三,从学生受益来看,实验室是学生探索理论与实践相结合的重要场所,关系到高校应用型人才的培养能力。

"十二五"末我国高校实验室开出实验项目达到115.60万个、共计27.00亿人时的实验课程。通过实验的锻炼,师生动手能力与创新能力得到了很好的培养。全年实验室科研任务承担课题及服务项目数达到33.05万个;发表或出版论文及教材36.90万篇(册),申请并获得专利2.80万个;教师省部级以上及学生各类获奖共计10.20万项。

(三)普通高等学校实验室建设与发展研究的开展

近些年普通高等学校实验室建设与发展相关领域的研究逐渐得到了学界的重视,具有针对性的高质量研究成果不断出现。从研究重点来看,目前研究成果大致可以分为四大类,分别是实验室建设与效果评价、实验人才队伍建设、实验仪器设备管理、实验室安全管理。

实验室建设与效果评价。武晓峰在《高校实验室建设发展报告》中以大数据为基础,从多个层面对我国高校实验室建设现状进行了总结与分析,成果质量较高且具有广泛的指导价值。冯敏侠从实验人才队伍培养、实验室建设规模、实验平台建设等几个方面探讨了促进高校实验室发展的现实路径。熊宏齐以东南大学为例,从高校实验室管理体制改革、实践教学体系构建、实验优质资源建设等方面进行了经验介绍和总结。刘兵从理论层面深入讨论了高校实验室效益评估的意义和基本原则,在此基础之上提出了一套较为完整的效益评估体系指标。唐勉讨论了在社会经济体制转轨的大背景下,高校实验室如何担负人才培养和新技术开发的使命,提出实验室综合效益的提高可以从提高实验室建设水平为切入点,并以北京化工大学为例,深入分析了高校实验室管理现状及特点,构建了高校实验室效益考核评分体系。

实验人才队伍建设。范娇莲对全国范围内31个省份的理工类高校进行了调查统计,指出目前队伍建设方面存在的诸如实验教学思路偏差、队伍发展缺乏规划等方面的问题,并针对性地提出了对策建议。谭冠中认为实验队伍的建设直接关系到教学和科研水平的提升和创新人才的培养,必须不断加强队伍建设能力才能更好地服务于实践教学的开展。马涛提出实验队伍建设与教学科研教师队伍的建设一样重要,从编制管理、人员结构、人员数量等方面分析了目前实验队伍存在的主要问题,并给出了针对性的对策建议。杨春勇、马楠在分析目前国内高校实验技术队伍建设现状的基础上,分析了队伍建设过程中存在的主要共性问题,并针对性地提出了"343"组织构型、"点线面"培训、"发展奖励"三种实验人才队伍激励发展机制。

实验室仪器设备管理。贾功利针对高校大型仪器设备管理,从前期论证、购置监管、制度建设等层面展开了较为深入的论述。邓敏以武汉大学仪器设备管理为例,从资源共享、设备维修、经费管理、效益考核层面展开了研究,分析了其中存在的主要问题并提出了几点改进策略。黄宗辉、崔江慧结合华南农业大学的工作经验,剖析了高校内大型仪器设备效益低下的原因,并从管理体制、平台建设、维修基金等方面论述了提升大型仪器设备使用效益的路径。

实验室安全管理。孙艳侠在分析高校实验室安全潜在隐患及产生原因的基础上,提出了"以人为本、预防为主"的核心安全思想,并以此为出发点提出了加强高校实验室安全管理的路径方法。孙立权创新地提出以选修课的形式对全校进行实验室安全教育,并对教育开展的方式和主要内容进行了较为详细的介绍。刘浴辉以牛津大学为研究对象,借鉴其实验室建设过程中安全建设的成就,并以此为指导反思了目前我国高校实现安全建设存在的问题。冯建跃将高校实验室安全检查指标划分为组织体系、规章制度、安全教育、实验室环境与管理、安全设施、水电安全、化学安全、生物安全、辐射安全、仪器设备安全、个人防护与其他11个大类,研究并设计了"高校实验室安全检查项目表",共计11大类、40小类、235条款,建立了高校实验室安全检查指标体系。

纵观目前学者研究的主要成果,对我国高校实验室的建设与发展工作提供了宝贵的理论依据与实践指导。但同时也存在三个方面的薄弱环节:

第一,高校实验室建设现状尚无法有效地进行评价与监测。从整体来看,我国高校实验室建设与发展领域"富饶的贫困"现象十分突出,"富饶"是指经过长期全国范围内高校实验室基础数据的统计与积累,基础数据十分丰富,且呈一定体系,客观上具备了提供大数据支撑的能力;"贫困"是指虽有如此海量数据,但目前尚未深入挖掘与分析,大数据的价值没有展现,最为直接的表现便是高校实验室建设现状尚无法有效地进行评价与监测,进一步的实验室规划与发展尚没有理论依据和数据支撑。

第二,现有研究多集中在实验室发展的某一个微观层面,而以我国实验室建设发展整体状态为对象的研究不够深入。高校实验室研究领域对实验室整体建设水平的研究关注较少,仅有极少数学者(武晓峰,高晓杰等)从全国层面进行完整的实验室建设研究,虽然研究成果具有较高理论与实践价值,但研究没有得到很好的延续。

第三,高校实验室信息数据十分丰富,但对其缺乏有效的深入研究。国家层面虽高度重视相关领域信息的收集与分析,并已将高校实验室信息统计纳入国家法定统计范畴,2006年至今教育部提出的新版高校实验室信息统计架构已经执行十余年,数据积累丰富,前期工作十分扎实,但是对这些数据却鲜有深入的统计与分析，造成一手数据极大的浪费，偏离了信息上报工作原有的出发点。并且，高校实验室建设涉及人、财、物等多个方面的投入，为了能够得到具有实践指导价值的研究成果，必须依托这些领域内各个层面的数据支撑，而目前大部分研究，在数据统计与分析层面十分缺乏。

综上所述，在现有实验室相关研究基础上，对于实验室建设与发展状态评估领域仍具有较大的挖掘与研究价值，这给本研究的开展提供了空间。

第二章 高校实验室建设与发展的评估方法与指标体系

高等学校实验室的建设与发展是衡量高校科研与教学支撑能力的重要指标之一,是提升科技成果转化效率,提高学生创新动手能力的关键要素。高校实验室发展是实验场地、实验设备、实验人才队伍、实验经费投入、实验支撑能力等多个层面在一定水平的全面、均衡发展,其关系到现有教育体制下教育供给侧改革的能效,是提升高校办学水平的必然要求。管理层面而言,国家高度重视高校实验室的建设与发展,在《国家中长期教育改革和发展规划纲要(2010—2020年)》多次提及实验室建设相关工作,并将年度高校实验室基础信息上报工作纳入国家法定统计范畴。学术研究层面而言,高校实验室的建设与发展已经成为高等教育领域新的研究热点,涵盖实验室管理、实验室效益评价、实验室安全、实验室设备管理等多个方面。

但从目前的工作开展与研究文献来看,迄今为止,针对高校实验室建设与发展状态综合评价的研究还比较少。而实际情况是,进一步加强高校实验室建设与发展综合评价的深入研究已是异常迫切。其一,我国教育总体发展水平已经进入世界中上行列,教育质量全面提升,为更好地为建设世界一流大学和一流学科服务,高校实验室建设也必须具备一流水平,承前方能启后,因此准确把握我国高校实验室建设与发展的历史特点和现状对提升实验室建设水平非常重要。其二,国家执行高校实验室基本信息统计工作已有十余年,数据积累十分丰富,但如此海量数据目前尚未得到有效深入分析,对高校实验教学事业发展的支撑作用没有充分显现,"富饶"数据与"贫困"应用的矛盾亟待破解。其三,高校实验室发展综合评价体系的构建能够十分有效地推动高校实验室发展状态动态监测机制的形成,为制定相关政策与规划提供依据。

高校实验室的建设与发展,包括实验场地、实验设备、实验人才队伍、实验经费投入、实验服务与支撑、实验能力发展等方方面面,因此必然要求在评价体系构建中力求全面,能够有效突出重点,评价方法与结论科学合理。

一、评估的目的与原则

(一)评估的目的

第一,综合评价我国高校实验室建设与发展水平。通过量化的评价指标,把高校实验室建设与发展水平标准化、具体化和数量化,科学地度量高校实验室发展程度,准确地了解和掌握高校实验室建设发展过程中多维度的真实情况。

第二,全面对比评价不同时期实验室的发展特点。通过定量评价和监测全国高校实验室建设与发展状态,分析不同时期实验室的发展优势与劣势,促进实现高校实验室的可持续发展。

第三,监测和预警高校实验室建设发展状态。通过一套科学规范的综合评价监测体系,对全国高校实验室建设与发展状态进行年度动态跟踪和监测,发挥指标体系的预警功能,为各级教育部门适时调整相关政策提供理论和体系依据。

(二)评估的基本原则

第一,系统性原则。各分项指标应当能够对我国高校实验室建设与发展的某个方面单独进行评价与监测,同时各个分项指标之间也应相互补充、耦合,形成一个有机整体,最终达到全面评价与监测对象的目的。

第二,针对性原则。实验室发展综合评价监测体系不仅可以全面反映实验室建设与发展状态,而且还需能够根据国家实时教育事业发展战略的需求,针对性地反映诸如实验服务支撑能力、实验人才队伍培养、实验经费使用等对高校实验室发展具有深远影响的重点问题。

第三,可比性原则。为保障提升评价监测体系的实际应用能力,指标的选取应当具有较强可比性和共通性,进而提高评价监测结论的通用性和可信性。

第四,可控性原则。各分项指标的选取应当考虑后期评价监测数据的可获得性,做到指标之间内涵界定明确,数据来源持续、可信,区域范围内统计方法与口径一致,以确保评价监测结果的客观性。

第五,客观公正原则。在数据可获得性的基础上,甄别并核实所得的统计数据,使得数据更为客观。同时,使用科学的数据分析方法,排除数据数量级、指标性质、计量单位等方面的问题,使得评估结论的解释性更为合理。

二、评估方法的比较与选择

目前关于高校实验室建设与发展评价的方法尚未建立,基于高校实验室建设工作多维度、多元素的特点以及实验室发展评价结论性指标单一性的要求,可以借鉴经济学领域评价区域经济社会发展的方法完成对实验室发展的评价。

常用的方法主要有层次分析法、主成分分析法和因子分析法。其中,层次分析法评价结论的准确性主要与参与打分人员的专业水平密切相关；主成分分析法和因子分析法通过指标之间的模型化归并，实现"降维"的目的。

（一）层次分析法

层次分析法（Analytical Hierar-chy Process，简称 AHP）是美国运筹学家萨提（A.L.Saaty）在 20 世纪 70 年代首次提出的，是一种定性与定量相结合的决策方法。通过这种方法，决策者可以将复杂问题中的若干影响因素分解为不同的层次和要素，在要素间进行"两两对比"，就可以得出要素间的相对权重，并逐层归并，形成最终综合评价结论。AHP 方法首先需要把问题层次化，然后根据不同层次的性质构成一个多层次的分析结构模型。

AHP 方法主要有三个方面的特点。第一，可以将问题分析人员的思考过程进行量化、系统化和模型化；第二，问题分析时所需定量数据不多，仅需知晓要素的含义及相互之间的关系；第三，适用于多维要素的复杂问题研究，能够有效综合评价分析对象的状态。AHP 方法的使用具体分为五个步骤：

（1）明确分析对象逻辑。在分析相关问题时，首先需要对所分析问题进行全面的了解，明确所分析问题的具体内容及所包含的元素。

（2）构建层次结构。解析所分析问题中元素间的相似特点，按照这一特征进行元素间的归纳分组，并将特征作为系统中新层次的一些因素。同时，这些因素也按照另外的特征进行组合，形成更高一层次的因素，直至最终形成最高层次的因素。其中，最高层也可称之为目标层，这一层只有一个元素，它是所需要分析问题的预定目标。第一层也称之为最底层，是实现目标层目标可供选择的所有措施和解决方案。最底层和最高层之间的称之为中间层，该层可以包含若干层（但一般不超过 9 层），主要反映为实现目标层目标所需要考虑的一些准则，因此中间层可以称为准则层。

（3）建立两两比较矩阵。将同一层次内的元素构建成二维矩阵，形成两两比较关系。这一步骤，是将问题量化的重要步骤，也是所得结论是否能够客观准确的关键。设定上一层元素 C 为准则，其所属下一层元素相对于准则 C 的重要性称之为权重。在层次分析法中，两两比较一般分为 9 个标度，对于不同情况，由分析对象进行判断，9 个标度的具体含义如表 2-1 所示。

表 2-1　两两比较矩阵标度的含义

标度	含义
1	表示两个元素，具有相同重要性
3	表示两个元素，一个元素比另一个元素稍微重要
5	表示两个元素，一个元素比另一个元素明显重要

续表

标度	含义
7	表示两个元素,一个元素比另一个元素重要得多
9	表示两个元素,一个元素比另一个元素极端重要
2,4,6,8	表示需要在以上标度之间进行折中处理
倒数	若一个元素 i 比另一个元素 j 重要性之比为 a_{ij},那么 j 与 i 的重要性之比则为 $1/a_{ij}$

其中,a_{ij} 是元素 i 相对于元素 j 的重要性程度,$a_{ij}>0$,$a_{ji}=1/a_{ij}$;$a_{ii}=1$。

(4)元素的相对权重计算与比较矩阵的一致性检验。相对权重的计算方法一般分为5种。

第一,和法。将比较矩阵的元素权重按行归一化后的算术平均值,近似作为权重向量。首先,将比较矩阵元素按行归一化;其次,将归一化后的数值按行相加;最后,将求和所得除以 n,即获得权重向量,计算方法如公式2-1。

$$W_i = \frac{1}{n}\sum_{j=1}^{n}\frac{a_{ij}}{\sum_{k=1}^{n}a_{kj}} \quad i=1,2,\cdots,n \tag{2-1}$$

第二,几何平均法。将比较矩阵的元素权重按行做几何平均处理,然后归一化,作为权重向量。首先,将比较矩阵元素按列相乘得到新的向量;其次,将新的向量的每个分量进行 n 次方处理;最后,将所得向量归一化处理,得到向量矩阵,计算方法如公式2-2。

$$W_i = \frac{\left(\prod_{j=1}^{n}a_{ij}\right)^{\frac{1}{n}}}{\sum_{k=1}^{n}\left(\prod_{j=1}^{n}a_{kj}\right)^{\frac{1}{n}}} \quad i=1,2,\cdots,n \tag{2-2}$$

第三,特征根法。比较矩阵特征根的计算方法如公式2-3。

$$AW = \lambda_{max}W \tag{2-3}$$

式中,λ_{max} 是比较矩阵的特征根的最大值,W 是所对应的特征向量,W 归一化后就可近似作为权重向量。

第四,对数最小二乘法。使用拟合的方式确定权重向量,使残差平方和达到最小,残差平方和的计算方法如公式2-4。

$$\sum_{1<i<j<n}\left[\lg a_{ij} - \lg\left(\frac{W_i}{W_j}\right)\right]^2 \tag{2-4}$$

第五,最小二乘法。确定权重向量,使残差平方和达到最小,残差平方和的计算方法如公式2-5。

$$\sum_{1<i<j<n}\left[a_{ij}-\left(\frac{W_i}{W_j}\right)\right]^2 \quad (2-5)$$

在计算得到权重矩阵后,需要对所得矩阵的科学性进行检验。虽然一般情况下,权重矩阵不要求保持严格的传递性和一致性,即:$a_{ij}*a_{jk}=a_{ik}$,但如果出现"A 比 B 极端重要,B 比 C 极端重要,而 C 又比 A 极端重要"的情况,则表明权重矩阵是"不符合常理的",进而导致下一步基于权重矩阵所得到的决策判断也是有待商榷的,因此需要对比较矩阵构建后进行一致性检验。一致性指标用 C.I.(Consistency Index)表示,计算方法如公式2-6。

$$C.I. = \frac{\lambda_{max}-n}{n-1} \quad (2-6)$$

C.I.的数值越大,则表明比较矩阵偏离完全一致性的程度越大;C.I.的数值越小,则表明比较矩阵偏离完全一致性的程度越低。对于多阶比较矩阵,需要进一步引入平均随机一致性指标 R.I.(Random Index),1~15 阶正反互矩阵计算 1 000 次得到的 R.I.,如表2-2所示。

表2-2　1~15 阶正反互矩阵计算 1 000 次得到的 R.I. 数值对应表

n	1	2	3	4	5	6	7	8
R.I.	0	0	0.58	0.90	1.12	1.24	1.32	1.41
n	9	10	11	12	13	14	15	
R.I.	1.46	1.49	1.52	1.54	1.56	1.58	1.59	

比较矩阵一致性指标与同阶平均随机一致性指标的比值称为随机一致性比率,用 C.R.(Consistency Ratio)表示,计算方法如公式2-7。

$$C.R. = \frac{C.I.}{R.I.} \quad (2-7)$$

当 C.R.<0.1 时,认为比较矩阵的一致性在合理区间内,是可以接受的;否则,则需要对比较矩阵进行修正。

(5)计算各层元素对目标层的总排序权重。总排序权重需要从最底层向顶目标层逐级合并,并逐层进行一致性检验。设 $w^{(k-1)} = (w_1^{(k-1)}, w_2^{(k-1)}, \cdots, w_{nk-1}^{(k-1)})^T$ 表示第 $k-1$ 层上 $nk-1$ 个元素相对于目标层的排序权重向量,用 $p_j^{(k)} = (p_{1j}^{(k)}, p_{2j}^{(k)}, \cdots, p_{nkj}^{(k)})^T$ 表示第 k 层上 nk 个元素对第 $k-1$ 层上第 j 列元素的排序权重向量。矩阵 $P^{(k)} = (p_1^{(k)}, p_2^{(k)}, \cdots, p_{nk-1}^{(k)})^T$ 是 $nk*nk-1$ 阶矩阵,它表示第 k 层第 $k-1$ 层的排序,则第 k 层元素的总排序的 $w^{(k)}$ 为

$$w^{(k)} = (w_1^{(k)}, w_2^{(k)}, \cdots, w_{nk}^{(k)})^T = P^{(k)} \cdot w^{(k-1)}$$

一致性检验从目标层向最底层逐级检验,若 $k-1$ 层元素 j 的一致性指标为 $C.I.j(k)$,平均随机一致性指标为 $R.I.j(k)$,一致性比率为 $C.R.j(k)$,则第 k 层的对应指标为:

$$C.I.^{(k)} = (C.I._1^{(k)}, \cdots, C.I._{nk-1}^{(k)}) * w^{(k-1)}$$

$$R.I.^{(k)} = (R.I._1^{(k)}, \cdots, R.I._{nk-1}^{(k)}) * w^{(k-1)}$$

(二)主成分分析法

主成分分析法是借助一定的数理计量方法,在不损失原有变量所含信息的基础上,将多维变量转变为少数几个相互独立的综合性指标,并根据实际需求将这几个指标尽可能多地反映出原有指标的信息。主成分分析法的使用具体分为五个步骤:

(1)原始数据的标准化。由于所分析数据往往存在明显的数量级差异与量纲差异,因此首先需要对所分析的原始数据进行标准化处理,将其转化为均值等于 0,方差等于 1 的标准数据,转换方法如公式:

$$t_{ij} = \frac{x_{ij} - \overline{x_j}}{\sqrt{\text{var}(x_j)}}, (i, j = 1, 2, \cdots, k)$$

$$\overline{x_j} = \frac{1}{n} \sum_{i=1}^{n} x_{ij}, \text{var}(x_j) = \frac{1}{n-1} \sum_{i=1}^{n} (x_{ij} - \overline{x_j})^2$$

式中 t_{ij} 为标准化后的数据;x_{ij} 为原始数据;$\overline{x_j}$ 为第 j 个指标的平均值;$\sqrt{\text{var}(x_j)}$ 是第 j 个指标的标准差。

(2)计算标准化后数据矩阵的相关系数矩阵。

$$R = \begin{bmatrix} 1 & R_{12} & \cdots & R_{1k} \\ R_{21} & 1 & \cdots & R_{2k} \\ \cdots & \cdots & 1 & \cdots \\ R_{k1} & R_{k2} & \cdots & 1 \end{bmatrix}, (i, j = 1, 2, 3, \cdots, k)$$

其中,$r_{ij} = \frac{\sum z_{ij} \cdot z_{ij}}{n-1}, (i, j = 1, 2, \cdots, k)$

(3)计算相关系数矩阵特征根 λ_i。

(4)确定主成分数量、主成分贡献率和累计贡献率。

$$e_i = \frac{\lambda_i}{\sum_{i=1}^{k} \lambda_i}, E = \frac{\sum_{i=1}^{m} \lambda_i}{\sum_{i=1}^{k} \lambda_i}$$

其中，e_i 为主成分贡献率，E 为累计贡献率。在实践中比较通行的确定主成分个数方法的原则有以下几种：① $E \geq 85\%$ 准则。E 表示前 m 个主成分的累计贡献率，即从原 k 个变量中提取的信息量，若已达到全部信息量的绝大部分（通常大于 85%），即可以认为，前 m 个主成分已基本反映了原变量的主要信息，取前 m 个变量足以说明问题。② $\lambda_m > \lambda$ 准则。先计算特征根 λ_m 的均值 λ，然后将之与 λ_m 比较，选取 $\lambda_m > \lambda$ 的前 m 个成分作为主成分。由标准化数据的相关矩阵 $\boldsymbol{R}$ 求得的 $\lambda = 1$，因此只要取 $\lambda_m > 1$ 的前 m 个主成分即可。所得主成分为：

$$f_1 = L_{11}x_1 + L_{12}x_2 + \cdots + L_{1m}x_m$$
$$f_2 = L_{21}x_1 + L_{22}x_2 + \cdots + L_{2m}x_m$$
$$\cdots\cdots$$
$$f_m = L_{m1}x_1 + L_{m2}x_2 + \cdots + L_{mm}x_m$$

其中 $f_1, f_2, \cdots, f_m$ 依次为第 1 主成分因子，第 2 主成分因子，直至第 m 主成分因子。

（5）计算综合得分。通过"确定主成分数量、主成分贡献率和累计贡献率"的计算，可以得出主成分因子与最终综合得分之间的数学关系。在此基础之上，代入标准化数据，便可计算出综合得分。

$$F = \left(\frac{\lambda_i}{\sum_{i=1}^{m} \lambda_i} \right) f_m, \quad (i = 1, 2, 3, \cdots, m)$$

主成分分析法的计算步骤比较规范，能够有效地排除计算者的主观影响，所得结论科学、客观。同时，目前主流计量经济学软件均可以十分方便地实现主成分分析法的计算，便于计算者使用。

（三）因子分析法

因子分析法的核心是用较少的相互独立的因子反映原有系统中绝大部分的因子变量，是对主成分分析法的一种推广。两种方法最为直观的区别在于：主成分分析法是将主成分表示为各变量的线性组合；因子分析法则是把变量表示为各公因子的线性组合。后者计算可以分为四个步骤进行。

（1）数据相关性检验。使用因子分析法对原有变量进行浓缩时，要求原有变量之间存在较强的相互关系。如果变量间相互独立，不存在任何相关性，则无法使用因子分析法。因此在进一步分析之前，需要进行数据的相关性检验。通常采用以下四种方法：

第一，相关系数矩阵法。计算原有变量的相关系数矩阵。这种方法十分简便，且易于操作。相关系数数值小于 0.3 时，认为系数间为弱相关，则不适合采用因子分析法。

第二,反映像相关矩阵法。反映像相关矩阵包含负的偏斜方差和负的偏相关系数。矩阵中对角线上的元素为某个变量的 MSA(Measure of Sample Adequacy)统计量,计算方法为:

$$MSA_i = \frac{\sum_{j \neq i} r_{ij}^2}{\sum_{j \neq i} r_{ij}^2 + \sum_{j \neq i} p_{ij}^2}$$

式中,r_{ij} 是变量 x_i 和其他变量 $x_j(i \neq j)$ 的相关系数,p_{ij} 是变量 x_i 和其他变量 $x_j(i \neq j)$ 的偏相关系数。MSA_i 的取值在 0 到 1 之间,越接近 1,表明变量间的相关性越强,反之则越弱。因此,反映像相关矩阵对角线数据越接近于 1,则原有数据间的相关性越强,越适合使用因子分析法。

第三,巴特利特球度检验法。巴特利特球度检验的检验统计量由相关系数矩阵的行列式计算得到,近似服从卡方分布。其零假设为:相关系数矩阵是单位矩阵。若检验统计量较大,且对应的概率 p 小于给定的显著性水平 α,则拒绝零假设,表明原有变量适合进行因子分析;反之,若检验统计量较小,且对应的概率 p 大于给定的显著性水平 α,则接受零假设,表明原有变量不适合进行因子分析。

第四,KMO(Kaiser-Meyer-Olkin)检验法。KMO 是用于比较变量之间简单相关系数和偏相关系数的指标,计算方法为:

$$KMO = \frac{\sum \sum_{j \neq i} r_{ij}^2}{\sum \sum_{j \neq i} r_{ij}^2 + \sum \sum_{j \neq i} p_{ij}^2}$$

式中,r_{ij} 是变量 x_i 和其他变量 $x_j(i \neq j)$ 的简单相关系数,p_{ij} 是变量 x_i 和其他变量 $x_j(i \neq j)$ 的偏相关系数。KMO 与 MSA 的区别在于,前者将相关系数的矩阵中元素都加入了平方和的计算中。KMO 的取值在 0 到 1 之间,越接近 1,表明变量间的相关性越强,反之则越弱。KMO 的取值及含义,如表 2-3 所示。

表 2-3 KMO 取值及含义

序号	KMO 取值	含义
1	[0.9,1]	非常适合使用因子分析法
2	[0.8,0.9)	很适合使用因子分析法
3	[0.7,0.8)	适合使用因子分析法
4	[0.6,0.7)	勉强适合使用因子分析法

序号	KMO 取值	含义
5	$[0.5, 0.6)$	不太适合使用因子分析法
6	$[0, 0.5)$	不适合使用因子分析法

（2）因子提取。因子提取是因子分析法的关键内容，一般有六种方法进行处理，分别是：基于主成分模型的主成分分析法、基于因子分析模型的主轴因子法、极大似然法、最小二乘法、α 因子提取法、映像分析法。目前应用最为广泛的是主成分分析法。

（3）命名因子变量。对原有数据变量进行因子提取后，因子的含义会发生改变，部分因子的含义会模糊不清，因此需要重新命名和定义提取后的因子变量。为解决这一问题，通常会对因子矩阵进行旋转。所谓因子旋转就是将因子荷载矩阵 A 右乘一个正交矩阵 τ 后得到一个新的矩阵 B。这种处理不会影响变量 x_i 的共同度 h_i^2，却会改变因子的方差贡献 S_j^2。因子旋转采用正交旋转法或斜交旋转法。正交旋转法是指坐标轴在旋转过程中始终保持垂直，保证新生成的因子仍不相关；斜交旋转法在旋转过程中坐标轴可以是任意角度，因此新生成的因子不能保持不相关。所以通常采用正交旋转法进行矩阵旋转。

正交旋转法有四次方最大法、方差最大法、等量最大法等。现以方差最大法为例进行说明。如果只考虑两个因子的旋转，因子荷载矩阵 A 右乘一正交矩阵 τ 后得到一个新的矩阵 B

$$B = \begin{bmatrix} b_{11} & b_{12} \\ b_{21} & b_{22} \\ \vdots & \vdots \\ b_{p1} & b_{p2} \end{bmatrix}$$

为实现因子旋转目的，要求 $(b_{11}^2, b_{21}^2, \cdots, b_{p1}^2)$ 和 $(b_{21}^2, b_{22}^2, \cdots, b_{p2}^2)$ 两组数据的方差尽可能大，即：

$$G = V_1 + V_2 = \frac{1}{p^2}\left[p\sum_{i=1}^{p}\left(\frac{b_{i1}^2}{h_i^2}\right)^2 - \left(\sum_{i=1}^{p}\frac{b_{i1}^2}{h_i^2}\right)^2 \right] + \frac{1}{p^2}\left[p\sum_{i=1}^{p}\left(\frac{b_{i2}^2}{h_i^2}\right)^2 - \left(\sum_{i=1}^{p}\frac{b_{i2}^2}{h_i^2}\right)^2 \right]$$

于是，可以通过求导数的方法求解出参数。

（4）计算因子得分。用原有变量来描述因子，第 j 个因子在第 i 个观测上的值可表示为：

$$F_{ij} = \widetilde{w_{j1}}x_{1i} + \widetilde{w_{j2}}x_{2i} + \widetilde{w_{j3}}x_{3i} + \cdots + \widetilde{w_{jp}}x_{pi} \qquad (j=1,2,3,\cdots,k)$$

式中，x_{pi} 是 p 个原有变量在第 i 个观测值上的取值；$\widetilde{w_{jp}}$ 是第 j 个因子和第 p 个原有变量间的因子值系数。

（四）方法的选择

鉴于高校实验室建设与发展具有显著的区域客观性和因素复杂性，涉及实验场地、实验设备、实验人才队伍、实验经费投入等众多因素，每个因素都在某一方面反映了实验室的发展状态，并且因素之间存在一定的相互关联特性。因此，为了对实验室进行较为科学、客观的评价，需要对众多因素进行提炼和降维，从繁杂的原始指标中找出主要成分因子，以便有效地利用大量统计数据。基于此，本研究采用主成分分析法的评价分析方法。

三、评估指标体系的选择与构建

由于高校实验室的建设与发展涉及人、财、物、场地、成果等方方面面，被分析对象结构较为复杂，因此为保障体系构建与指标选取的稳定性和可用性，此处借鉴经济学、教育学等学科领域理论，结合我国高等学校实验室信息统计工作的实际经验，特别强调真实反映我国高校实验室建设与发展的全面状态，最终将评价体系细化为包含 31 个细分因素的指标，涉及实验场地、实验设备、实验人才队伍、实验经费投入、实验服务与支撑、实验能力发展 6 大方面。

实验场地。实验场地是高校开展实验教学活动的空间载体，是实验室建设的前提条件，也是今后将从根本上制约高校扩大实验室规模的主要因素之一。这里，从实验场地的属性作为切入点，通过实验室数量、实验室面积、实验室级别来评价。其中，实验室数量通过教学为主实验室数量、科研为主实验室数量来反映；实验室面积通过教学为主实验室面积、科研为主实验室面积来反映；实验室级别通过国家级实验教学示范中心、省级实验教学示范中心、校级实验教学示范中心来反映。

实验设备。实验设备是高校开展实验教学活动的实物载体，是反映实验室建设水平与教学支撑能力的外显性因素，其能够有效提升现阶段实验室的使用效益，但同时由于不同区域、不同类型高校间设备购置经费投入具有较大差别，因此其也是容易诱导高校间实验室建设发展水平发生失衡的不确定因素之一。此处从设备数量、设备价值两个方面来进行评价[①],即一般设备数量、贵重仪器设备数量、一般设备总值、贵重仪器设备总值。

实验人才队伍。实验人才队伍是高校开展实验教学活动的智力载体,是各实验室要素中预期溢出红利最为明显、能动性最强的要素,但同时也是影响其余各要素有效释放红利的主要不确定因素。此处从专任队伍、兼任队伍、队伍培养三个方面来进行评价。专任队伍与兼任队伍主要从人员组成层面描述,前者包括教师、实验技术人员;后者包括兼任实验人员;队伍培养主要从人员培养方式层面来描述,包括国内学历教育、国内非学历教育、国外学历教育、国外非学历教育。

实验经费投入。实验经费投入是高校开展实验教学活动的资本支撑,是发展的资金来源。此处根据实验经费的使用方向,从新购经费、运行与改革经费两个因素来进行评价。新购经费包括仪器设备购置经费、实验室房屋建设经费;运行与改革经费包括仪器设备维护经费、实验教学运行经费、实验教学研究与改革经费。

实验服务与支撑。实验服务与支撑是高校开展实验教学能力的体现,也是实验室人、财、物等资源投入后的效益输出,其展现了高校实验室建设与发展的水平高低,对下一步实验室的发展起着至关重要的导向性作用。具体包含教学实验项目数量、教学实验人时数、科研实验项目数量、科研任务承担课题及服务项目数量。

实验能力发展。实验能力发展是高校开展实验学术活动的成果,是对基础性实验服务与支撑能力之外的实验教学的进一步发展,是教师与学生实验创新能力的体现。此处从论文与教材、专利、竞赛获奖三个方面来进行评价。论文与教材包括教学论文和教材数量、科研论文和教材数量;竞赛获奖包括教师省部级以上获奖数量、学生获奖数量。

高校实验室建设与发展状态评估指标体系的整体构成如表 2-4 所示。

表 2-4 评估指标体系的整体构成

序号	三级指标	单位
1	教学为主实验室数量	个
2	科研为主实验室数量	个
3	教学为主实验室面积	平方米

---

① 设备原值小于 40 万元界定为一般设备,大于或等于 40 万元界定为贵重仪器设备。根据社会经济发展及货币因素的影响,这一界定价值可以随之调整,但不影响评价监测体系的稳定性。

续表

序号	三级指标	单位
4	科研为主实验室面积	平方米
5	国家级实验教学示范中心数量	个
6	省级实验教学示范中心数量	个
7	校级实验教学示范中心数量	个
8	一般设备数量	台/套
9	贵重仪器设备数量	台/套
10	一般设备总值	万元
11	贵重仪器设备总值	万元
12	教师数量	人
13	实验技术人员数量	人
14	兼任实验人员数量	人
15	国内学历教育	天
16	国内非学历教育	天
17	国外学历教育	天
18	国外非学历教育	天
19	仪器设备购置经费	万元
20	实验室房屋建设经费	万元
21	仪器设备维护经费	万元
22	实验教学运行经费	万元
23	实验教学研究与改革经费	万元
24	教学实验项目数量	个
25	教学实验人时数	人时
26	科研任务承担课题及服务项目数量	个
27	教学论文和教材数量	篇(册)
28	科研论文和教材数量	篇(册)
29	教师省部级以上获奖数量	项
30	学生获奖数量	项
31	专利数量	个

第三章 "十二五"期间我国高校实验室建设与发展基础数据分析

"十二五"末我国普通高等学校共有实验室 30 914 个,实验室面积 3 208.83 万平方米;仪器设备 2 068.31 万台套,原值总计 2 777.85 亿元;实验技术人员 35 793 人;当年实验室各项经费投入共计 455.61 亿元;实验室总计开出 115.60 万项实验项目,27.00 亿人时的实验课程;实验室科研任务承担课题及服务项目数 33.05 万个;发表、出版论文、教材 36.90 万篇(册),申请并获得专利 2.80 万个;教师省部级以上及学生各类获奖共计 10.20 万项。

一、实验室数量与面积

(一)实验室数量

"十二五"末我国普通高等学校共有实验室 30 914 个。其中教学为主、科研为主的实验室数量分别是 27 150 个、3 764 个,所占比例分别是 87.82%、12.18%,以教学为主的实验室占据绝大多数。如图 3-1、图 3-2 所示。

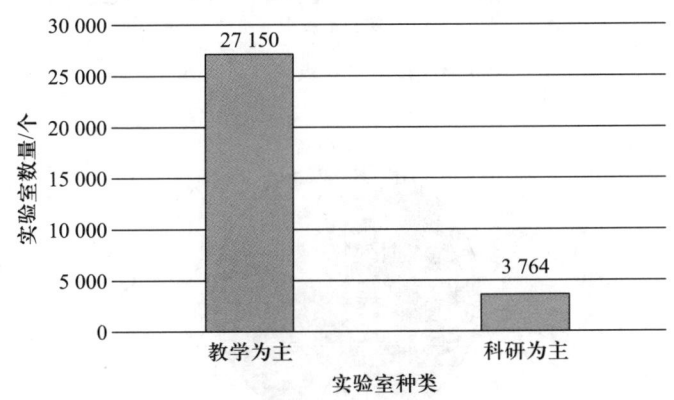

图 3-1 按主要用途实验室数量分布

从实验室认定级别来看,各类实验教学示范中心合计 27 878 个。其中,国家级实验教学示范中心 1 284 个、省部级实验教学示范中心 4 333 个、校级实验教学示范中心 22 261 个,所占比例分别是 4.61%、15.54%、79.85%。如图 3-3、图 3-4 所示。

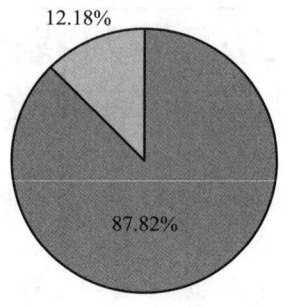

图 3-2　按主要用途实验室比例分布

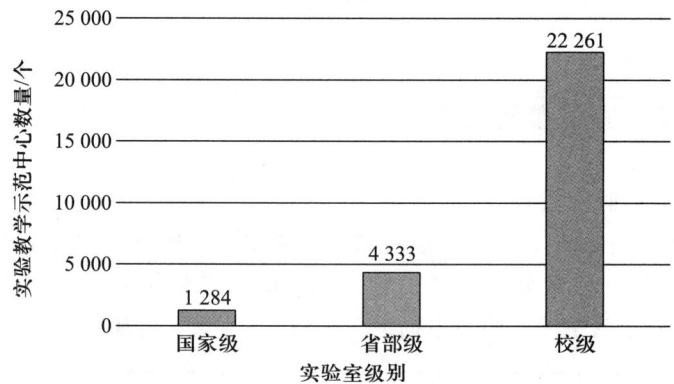

图 3-3　按实验室级别数量分布

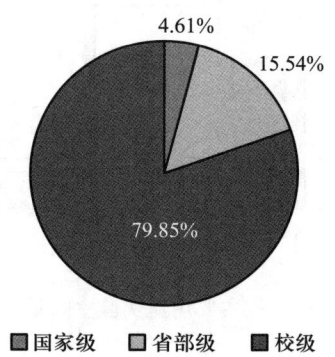

图 3-4　按实验室级别比例分布

从实验室所分布区域来看,在 30 914 个实验室中,东部地区高校共有实验室 14 564 个、中部地区高校共有实验室 9 554 个、西部地区高校共有实验室 6 796 个,所占比例分别是 47.11%、30.91%、21.98%。如图 3-5、图 3-6 所示。

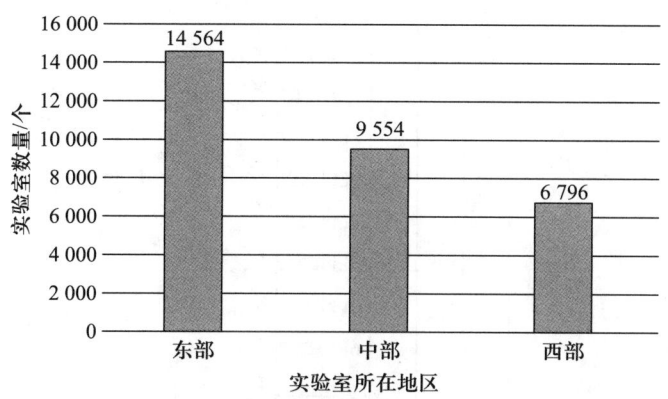

图 3-5 按区域实验室数量分布

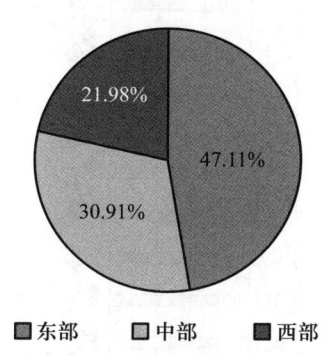

图 3-6 按区域实验室比例分布

从实验室所属省份分布来看,全国 31 个省(区、市)中,广东省、山东省、北京市位居前三位,分别是 2 364 个、2 263 个、2 164 个。具体排位如图 3-7 所示。

(二)实验室面积

"十二五"末我国普通高等学校实验室面积合计 3 208.83 万平方米,其中教学为主、科研为主的实验室面积分别是 2 703.53 万平方米、505.30 万平方米,所占比例分别是 84.25%、15.75%,以教学为主的实验室面积占据绝大多数。如图 3-8、图 3-9 所示。

从实验室所分布区域来看,在 3 208.83 万平方米的实验室中,东部地区高校实验室面积为 1 534.50 万平方米、中部地区实验室面积为 995.01 平方米、西部地区实验室面积为 679.32 万平方米,所占比例分别是 47.82%、

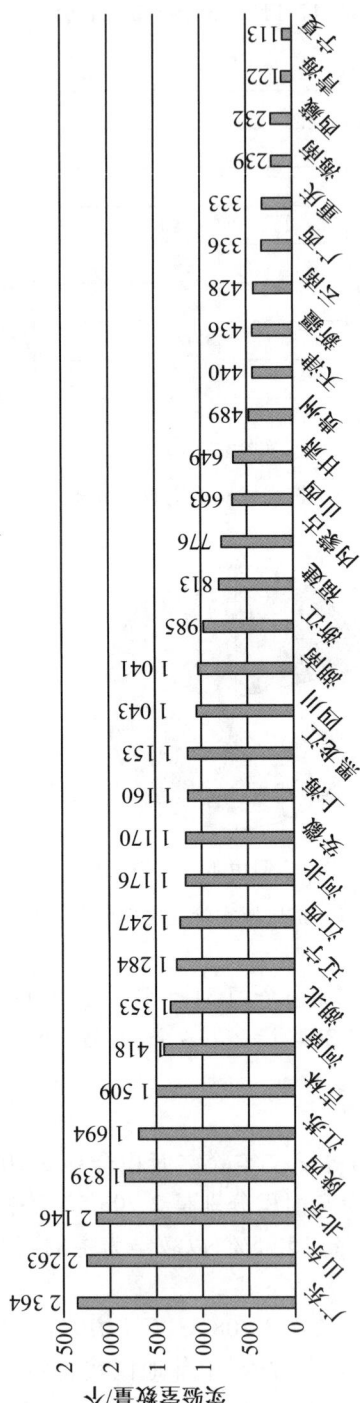

图 3-7 "十二五"期间全国 31 个省(区、市)高校实验室数量分布

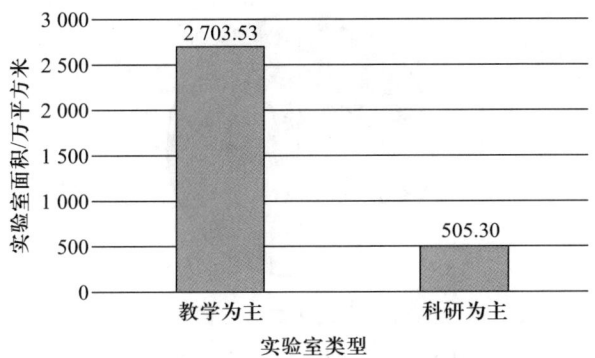

图 3-8 按主要用途实验室面积分布

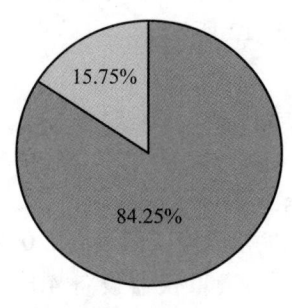

图 3-9 按主要用途实验室比例分布

31.01%、21.17%。如图 3-10、图 3-11 所示。

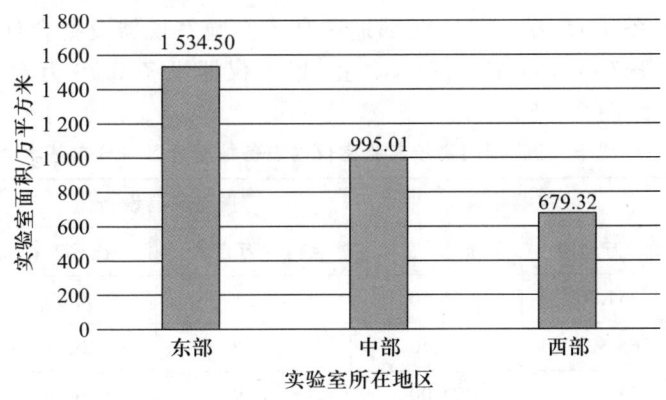

图 3-10 按区域实验室面积分布

从实验室所属省份分布来看,全国 31 个省(区、市)中,江苏省、山东省、

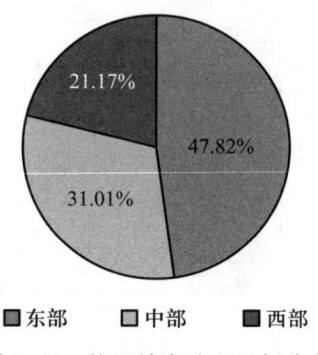

图 3-11 按区域实验室比例分布

湖北省位居前三位,面积分别有 259.57 万平方米、201.99 万平方米、199.99 万平方米。具体排位如图 3-12 所示。

二、实验室仪器设备

(一)实验室仪器设备数量

"十二五"末我国普通高等学校仪器设备 2 068.31 万台套。其中一般仪器设备数量 2 063.46 万台套,贵重仪器设备 4.85 万台套,所占比例分别是 99.77%、0.23%。如图 3-13、图 3-14 所示。

从分布区域来看。东部地区高校实验室仪器设备合计有 1 067.67 万台套(一般仪器设备 1 064.76 万台套、贵重仪器设备 2.91 万台套)、中部地区高校实验室仪器设备合计有 566.47 万台套(一般仪器设备 565.32 万台套、贵重仪器设备 1.15 万台套)、西部地区高校实验室仪器设备合计有 434.17 万台套(一般仪器设备 433.38 万台套、贵重仪器设备 0.79 万台套),如表 3-1、图 3-15、图 3-16 所示。

表 3-1 "十二五"期间高校实验室仪器设备数量分区域分布基本情况

区域	一般仪器设备		贵重仪器设备		小计/万台套
	数量/万台套	比例/%	数量/万台套	比例/%	
东部	1 064.76	51.60	2.91	60.00	1 067.67
中部	565.32	27.40	1.15	23.71	566.47
西部	433.38	21.00	0.79	16.29	434.17
小计	2 063.46	100.00	4.85	100.00	2 068.31

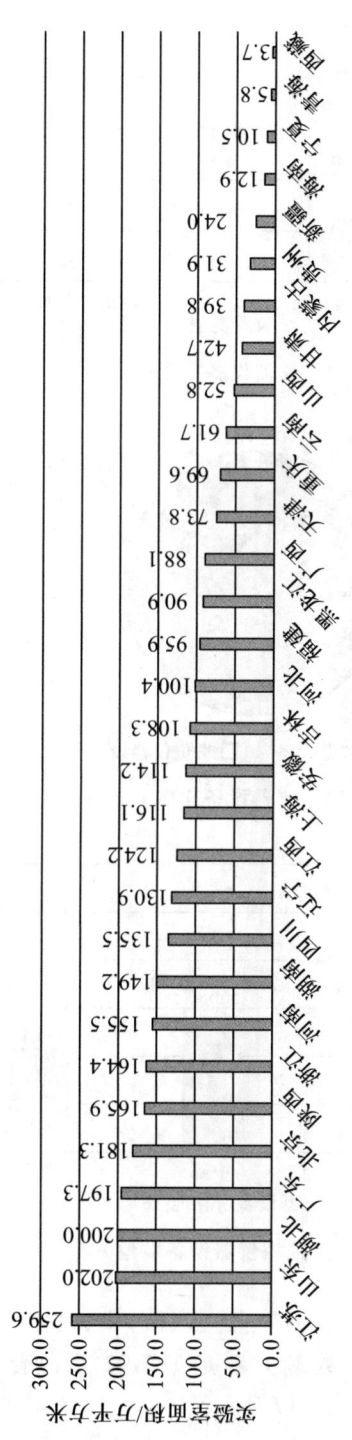

图 3-12 "十二五"期间全国 31 个省（区、市）高校实验室面积分布

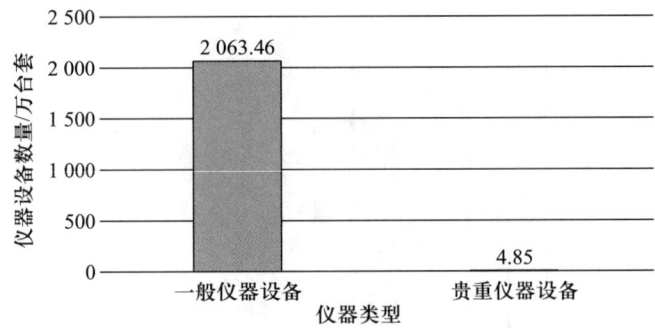

图 3-13　仪器设备数量分布

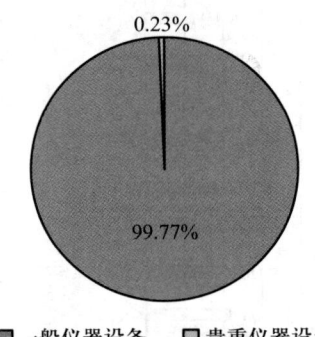

图 3-14　仪器设备比例分布

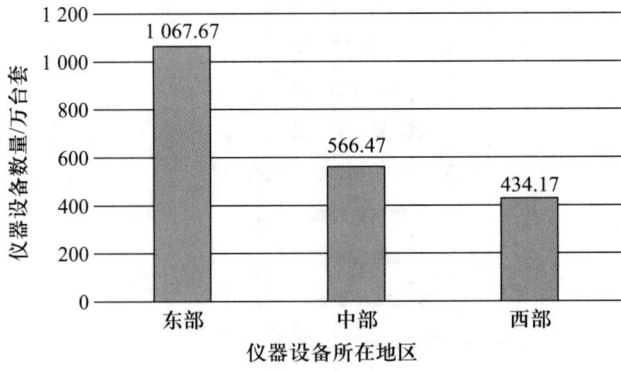

图 3-15　按区域仪器设备数量分布

从所属省份分布来看,全国 31 个省(区、市)中,仪器设备总量排前三位的是北京市、江苏省、山东省,数量分别是 192.92 万台套、159.44 万台套、120.84 万台套。具体排位如图 3-17 所示。

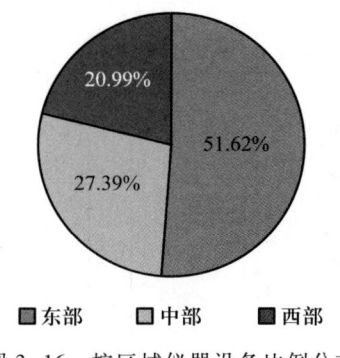

图 3-16 按区域仪器设备比例分布

全国 31 个省（区、市）中，一般仪器设备数量排前三位的是北京市、江苏省、山东省，数量分别是 192.18 万台套、158.95 万台套、120.64 万台套。具体排位如图 3-18 所示。

全国 31 个省（区、市）中，贵重仪器设备数量排前三位的是北京市、江苏省、上海市，数量分别是 7 398 台套、4 907 台套、3 965 台套。具体排位如图 3-19 所示。

（二）实验室仪器设备价值

"十二五"末我国普通高等学校仪器设备原值总价为 2 777.85 亿元。其中一般仪器设备 2 275.64 亿元，贵重仪器设备 502.21 亿元，所占比例分别是 81.92%、18.08%。如图 3-20、图 3-21 所示。

从分布区域来看。东部地区高校实验室仪器设备总值合计有 1 583.03 亿元（一般仪器设备 1 274.51 亿元、贵重仪器设备 308.52 亿元）、中部地区高校实验室仪器设备合计有 679.90 亿元（一般仪器设备 563.81 亿元、贵重仪器设备 116.09 亿元）、西部地区高校实验室仪器设备合计有 514.92 亿元（一般仪器设备 437.32 亿元、贵重仪器设备 77.60 亿元）。如表 3-2、图 3-22、图 3-23 所示。

表 3-2 "十二五"高校实验室仪器设备总价值分区域分布基本情况

区域	一般仪器设备		贵重仪器设备		小计/亿元
	总值/亿元	比例/%	总值/亿元	比例/%	
东部	1 274.51	56.01	308.52	61.43	1 583.03
中部	563.81	24.78	116.09	23.12	679.90
西部	437.32	19.22	77.60	15.45	514.92
小计	2 275.64	100.00	502.21	100.00	2 777.85

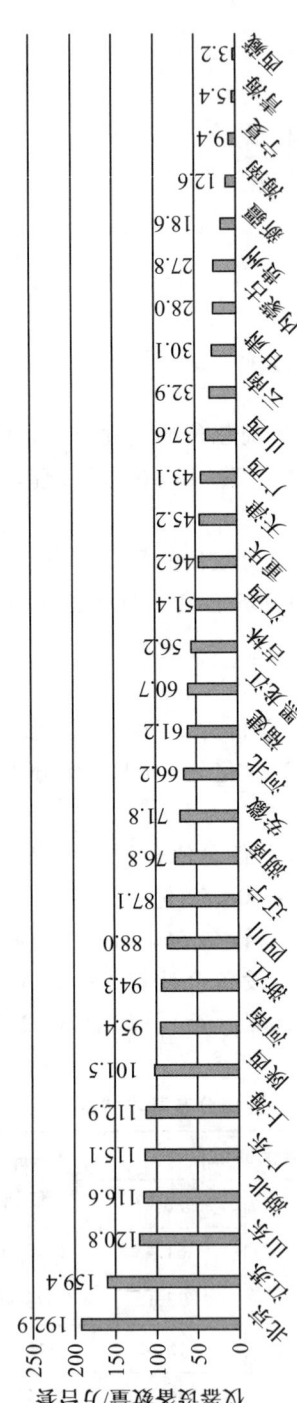

图 3-17 "十二五"期间全国 31 个省(区、市)高校仪器设备数量分布

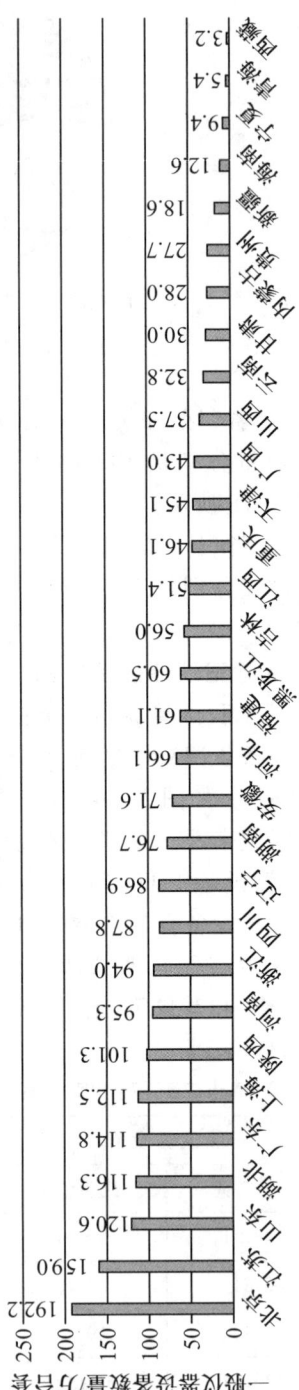

图 3-18 "十二五"期间全国 31 个省(区、市)高校一般仪器设备数量分布

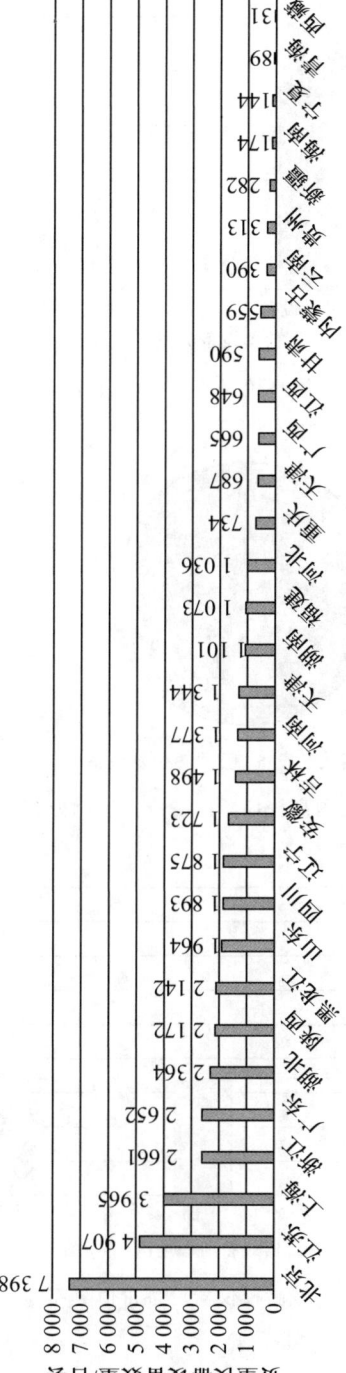

图 3-19 "十二五"期间全国 31 个省(区、市)高校贵重仪器设备数量分布

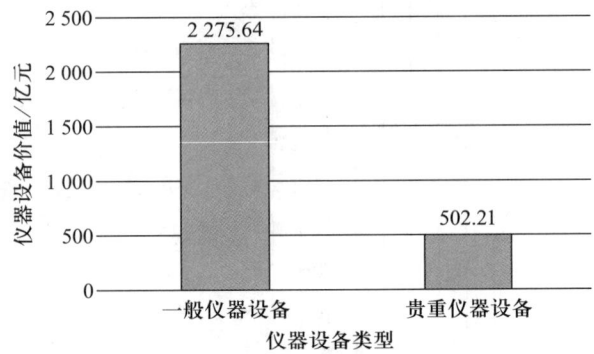

图 3-20 全国高校仪器设备价值分布

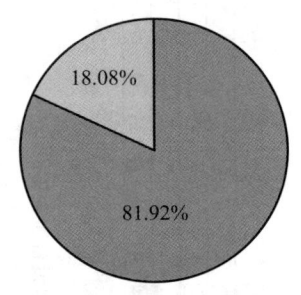

图 3-21 全国高校仪器设备价值比例分布

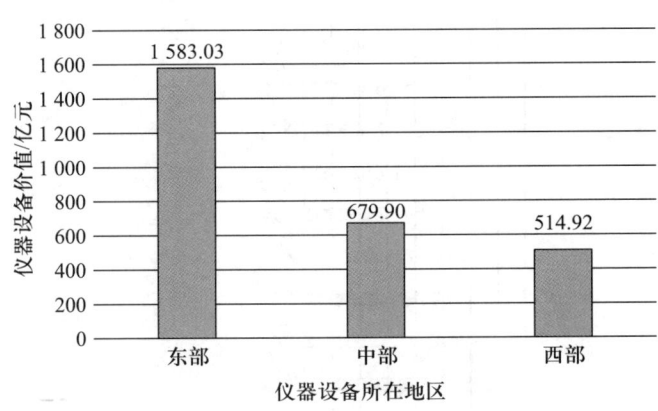

图 3-22 区域高校仪器设备价值分布

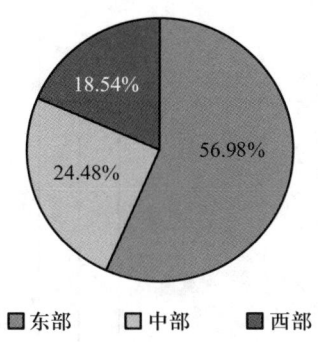

图 3-23　区域高校仪器设备价值比例分布

从所属省份分布来看,全国 31 个省(区、市)中,仪器设备总价值排前三位的是北京市、江苏省、上海市,总价值分别是 364.24 亿元、232.95 亿元、209.79 亿元。具体排位如图 3-24 所示。

全国 31 个省(区、市)中,一般仪器设备总价值排前三位的是北京市、江苏省、上海市,数量分别是 283.5 亿元、181.5 亿元、162.0 亿元。具体排位如图 3-25 所示。

全国 31 个省(区、市)中,贵重仪器设备总价值排前三位的是北京市、江苏省、上海市,数量分别是 80.7 亿元、51.5 亿元、47.8 亿元。具体排位如图 3-26所示。

三、实验技术队伍

(一)实验技术队伍数量

"十二五"末我国普通高等学校共有实验技术人员 35 793 人。其中,东部地区高校拥有实验技术人员 19 292 人、中部地区高校拥有实验技术人员 9 872 人、西部地区高校拥有实验技术人员 6 629 人。如图 3-27、图 3-28 所示。

全国 31 个省(区、市)中,实验技术人员数量排前三位的是广东省、江苏省、北京市,分别有 2 846 人、2 758 人、2 127 人。具体排位如图 3-29 所示。

(二)实验人员培训

对于实验相关人员(包含:实验教师、实验技术人员、实验室兼任人员)的培训分为四个类别,分别是国内学历培训、国内非学历培训、国外学历培训以及国外非学历培训。2015 年,东部高校实验技术队伍各类培训分别达

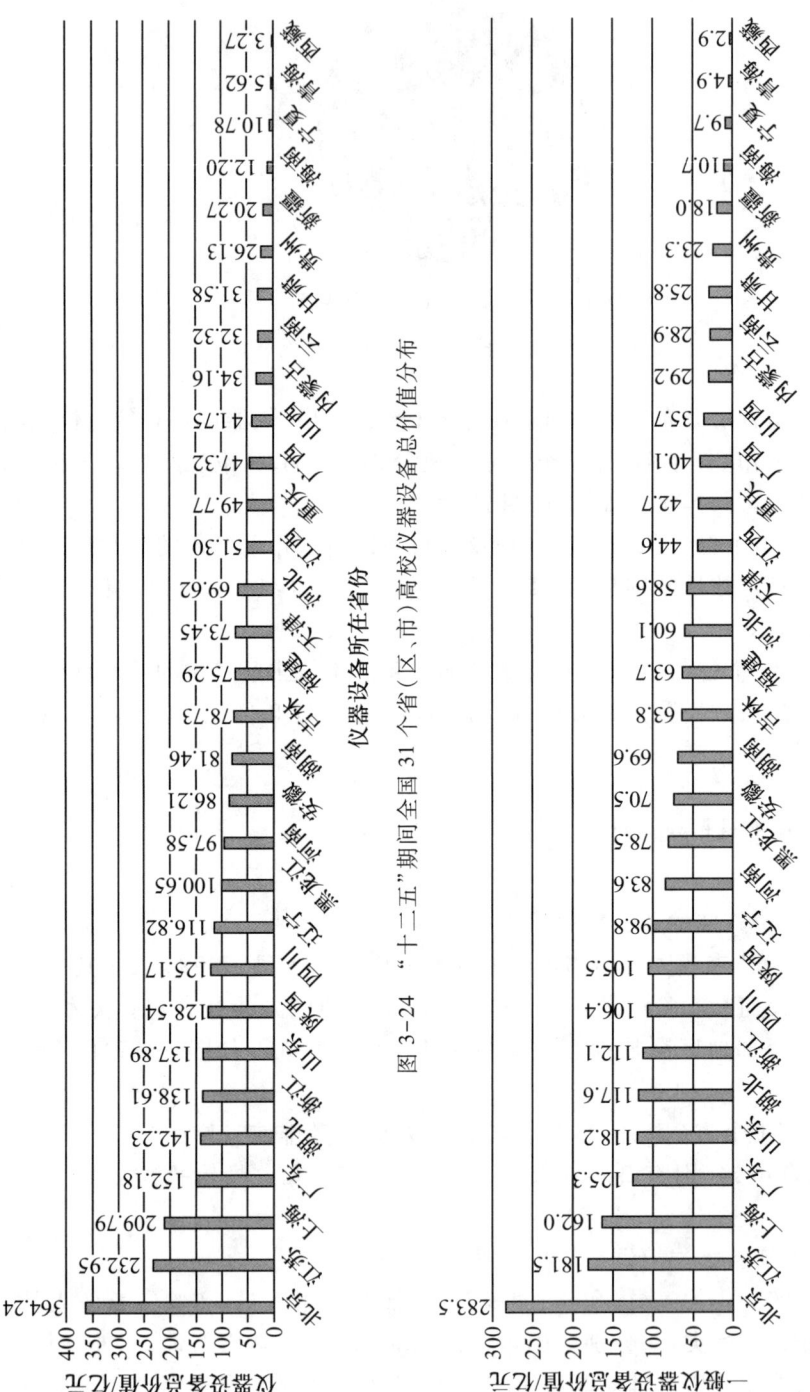

图 3-24 "十二五"期间全国 31 个省（区、市）高校仪器设备总价值分布

图 3-25 "十二五"期间全国 31 个省（区、市）高校一般仪器设备总价值分布

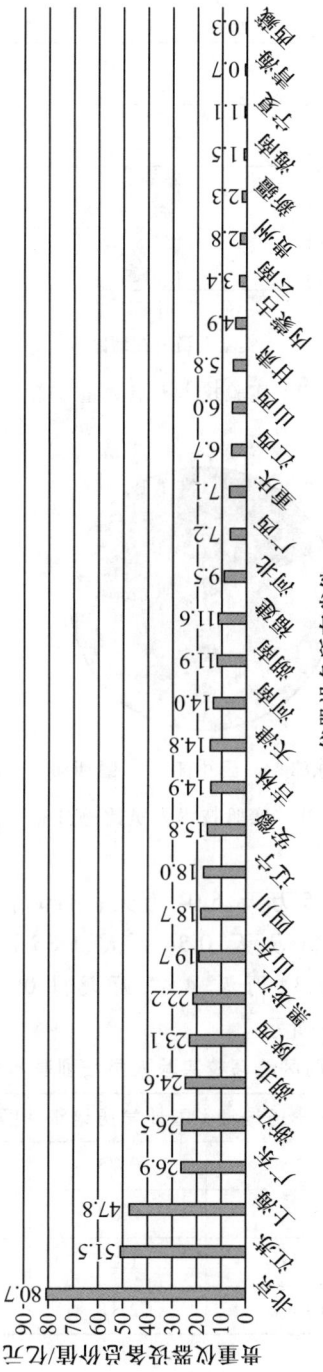

图 3-26 "十二五"期间全国 31 个省（区、市）高校贵重仪器设备总价值分布

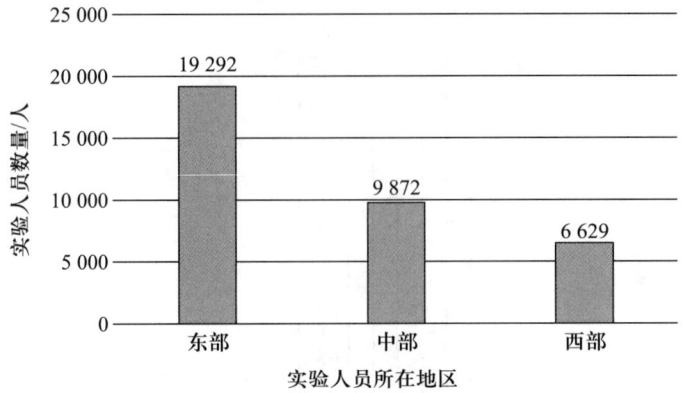

图 3-27　实验技术人员数量分布

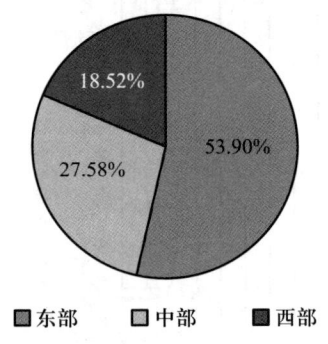

■东部　■中部　■西部

图 3-28　实验技术人员比例分布

到 13.59 万天、9.75 万天、0.75 万天、6.04 万天;中部高校实验技术队伍各类培训分别达到 6.75 万天、5.20 万天、0.34 万天、1.85 万天;西部高校实验技术队伍各类培训分别达到 7.32 万天、4.47 万天、1.09 万天、2.09 万天。如表 3-3、图 3-30 至图 3-35 所示。

表 3-3　不同区域高校实验人员培训基本情况　　　（单位:万天）

区域	国内学历培训	国内非学历培训	国外学历培训	国外非学历培训	小计
东部	13.59	9.75	0.75	6.04	30.13
中部	6.75	5.20	0.34	1.85	14.14
西部	7.32	4.47	1.09	2.09	14.97
小计	27.66	19.42	2.18	9.98	59.24

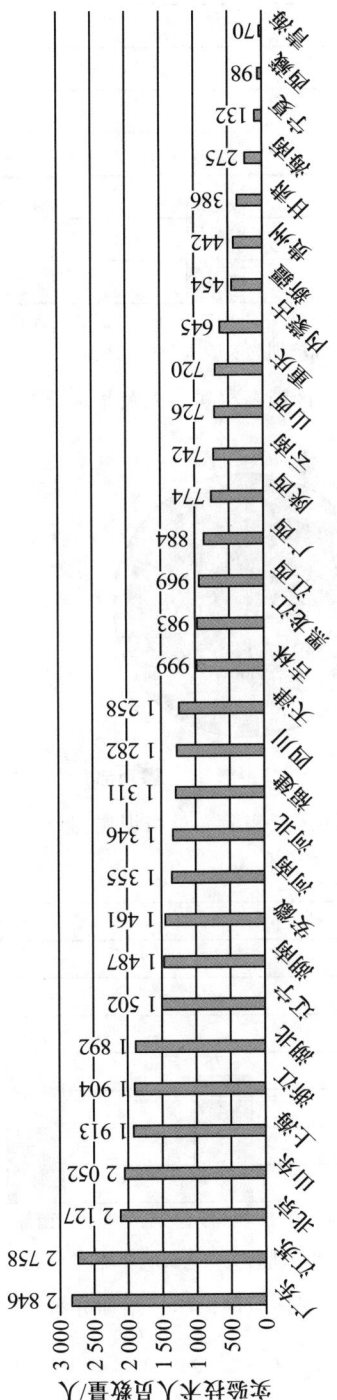

图 3-29 "十二五"期间全国 31 个省（区、市）高校实验技术人员数量分布

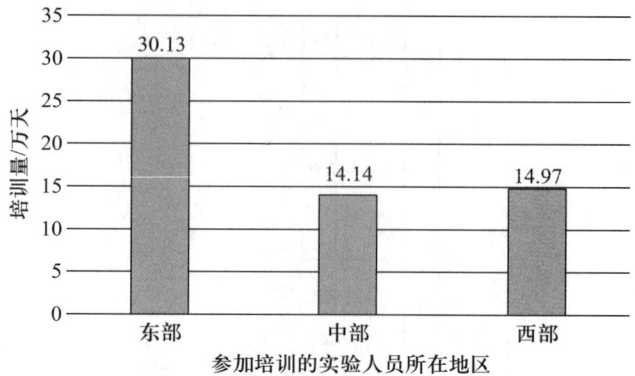

图 3-30　不同区域高校实验人员培训分布

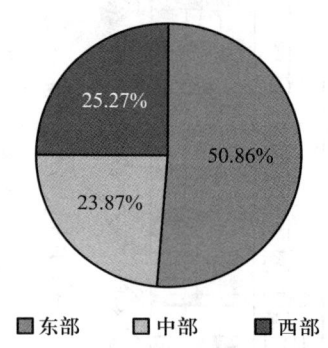

图 3-31　不同区域实验人员培训比例分布

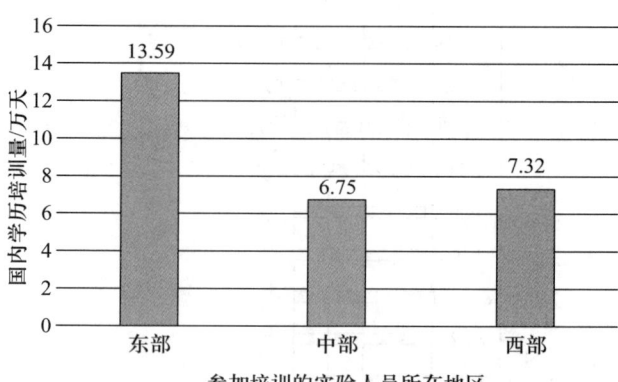

图 3-32　不同区域国内学历培训分布

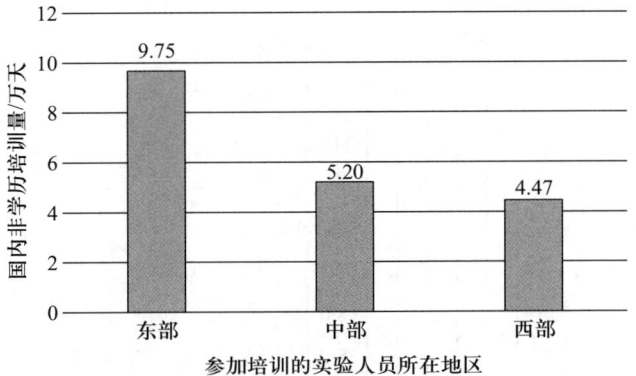

图 3-33 不同区域国内非学历培训分布

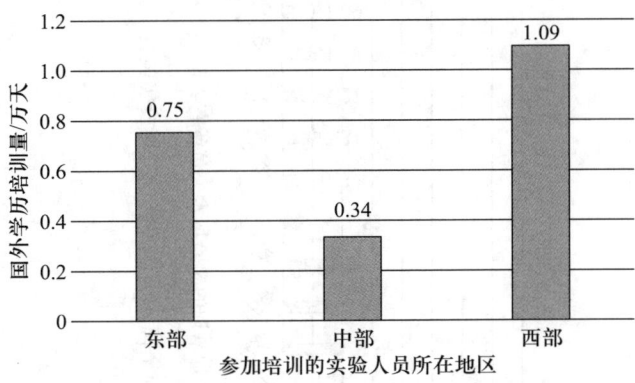

图 3-34 不同区域国外学历培训分布

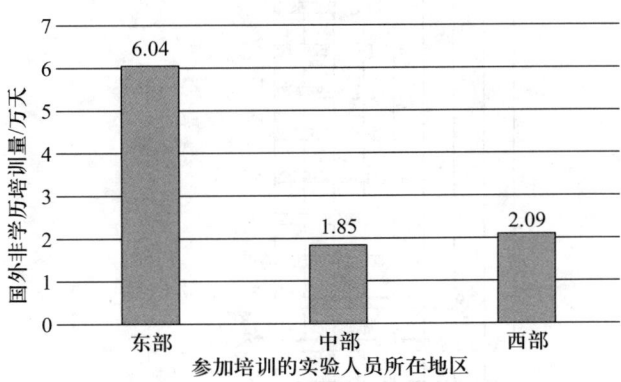

图 3-35 不同区域国外非学历培训分布

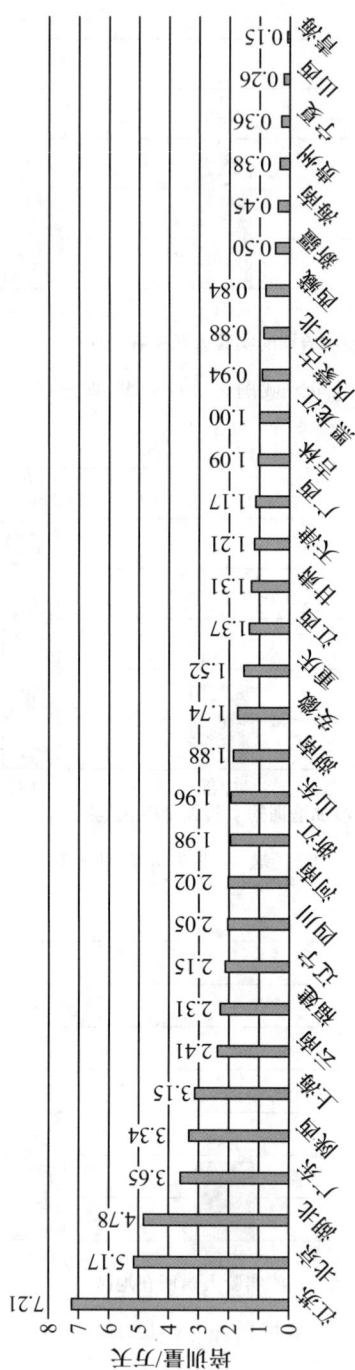

图 3-36 "十二五"期间全国 31 个省(区、市)高校实验技术人员培训分布

全国 31 个省（区、市）中，实验人员培训时间排前三位的是江苏省、北京市、湖北省，培训时长达到 7.21 万天、5.17 万天、4.78 万天。具体排位如图3-36所示。

四、实验室经费投入

2015 年全国高校实验室各项经费投入共计 455.61 亿元。其中仪器设备购置经费 305.92 亿元、实验室房屋建设与改造经费 49.62 亿元、仪器设备维修维护经费 35.67 亿元、实验教学运行经费 57.67 亿元、实验教学研究与改革经费 6.73 亿元。如图 3-37、图 3-38 所示。

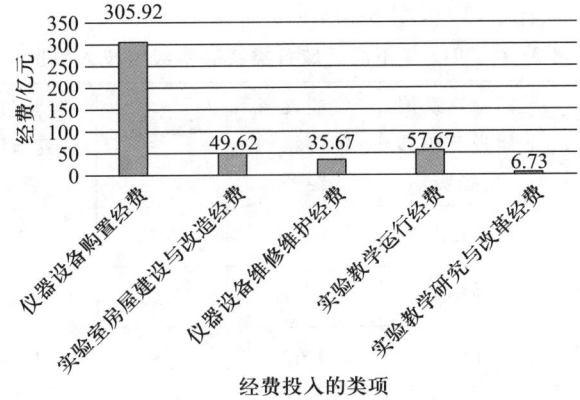

图 3-37 各类实验室经费投入分布

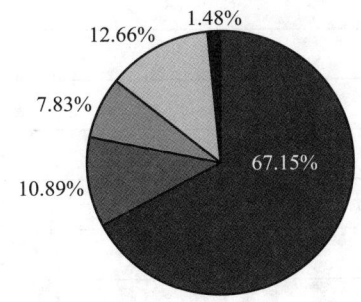

图 3-38 各类实验室经费投入比例分布

从分布区域来看。2015年东部地区高校各类实验室经费金额总计270.92亿元,其中仪器设备购置经费165.44亿元、实验室房屋建设与改造经费25.48亿元、仪器设备维修维护经费30.68亿元、实验教学运行经费45.57亿元、实验教学研究与改革经费3.75亿元;中部地区高校各类实验室经费金额总计102.63亿元,其中仪器设备购置经费77.99亿元、实验室房屋建设与改造经费12.68亿元、仪器设备维修维护经费3.37亿元、实验教学运行经费7.16亿元、实验教学研究与改革经费1.43亿元;西部地区高校各类实验室经费金额总计82.06亿元,其中仪器设备购置经费62.49亿元、实验室房屋建设与改造经费11.46亿元、仪器设备维修维护经费1.62亿元、实验教学运行经费4.94亿元、实验教学研究与改革经费1.55亿元。如表3-4、图3-39至图3-45所示。

表3-4　2015年不同区域各类实验室经费投入情况　　（单位:亿元）

区域	仪器设备购置经费	实验室房屋建设与改造经费	仪器设备维修维护经费	实验教学运行经费	实验教学研究与改革经费	小计
东部	165.44	25.48	30.68	45.57	3.75	270.92
中部	77.99	12.68	3.37	7.16	1.43	102.63
西部	62.49	11.46	1.62	4.94	1.55	82.06
小计	305.92	49.62	35.67	57.67	6.73	455.61

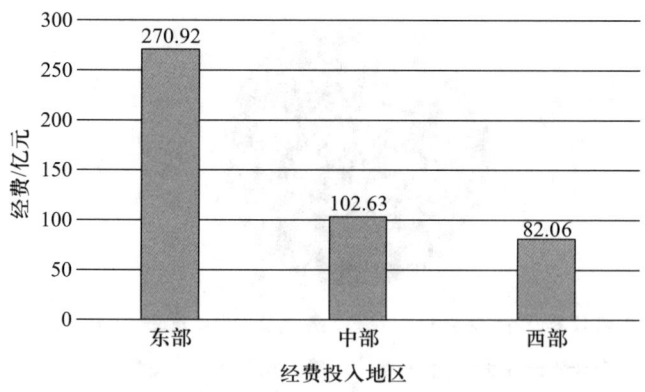

图3-39　不同区域实验室经费投入分布

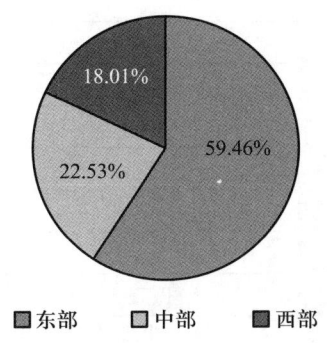

图 3-40 不同区域实验室经费投入比例分布

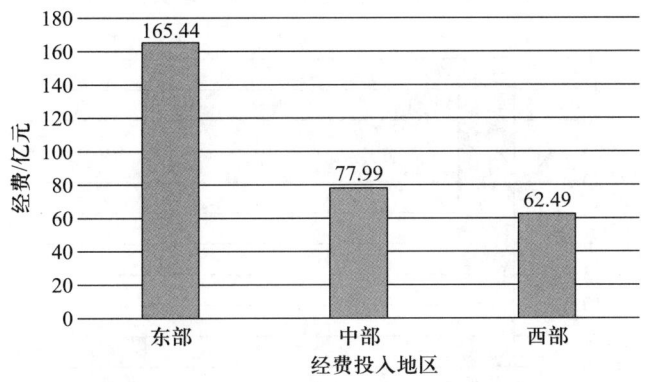

图 3-41 不同区域仪器设备购置经费投入分布

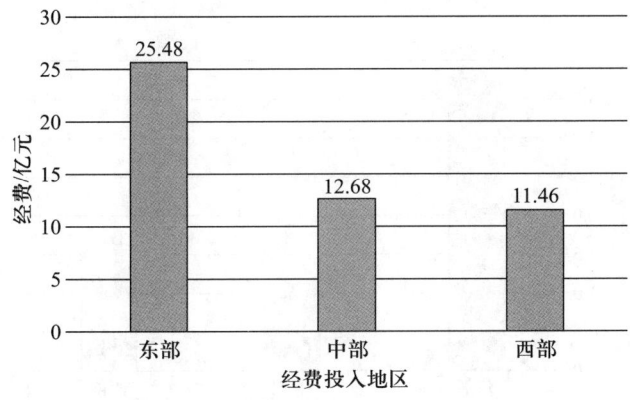

图 3-42 不同区域实验室房屋建设与改造经费投入比例分布

全国 31 个省(区、市)中,各类实验室经费投入总量前三位的是北京市、上海市、江苏省,分别为 90.52 亿元、40.30 亿元、37.01 亿元。具体排

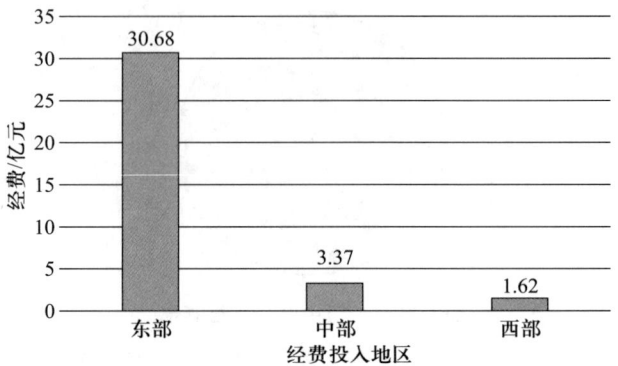

图 3-43 不同区域仪器设备维修维护经费投入分布

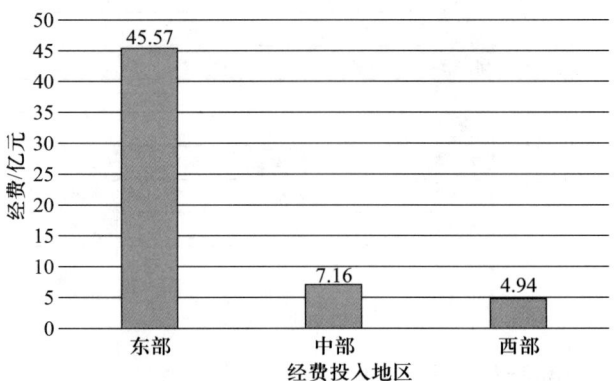

图 3-44 不同区域实验教学运行经费投入分布

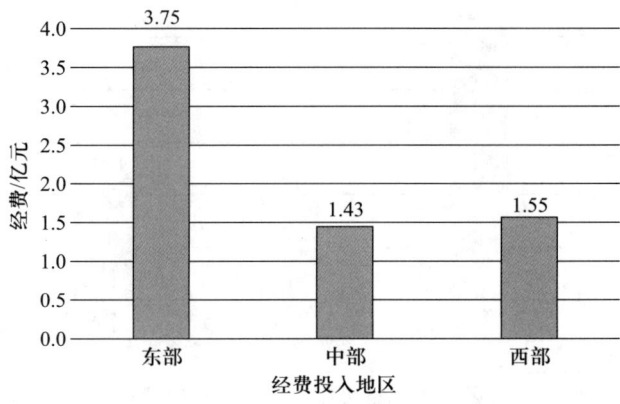

图 3-45 不同区域实验教学研究与改革经费投入分布

位如图 3-46 所示。

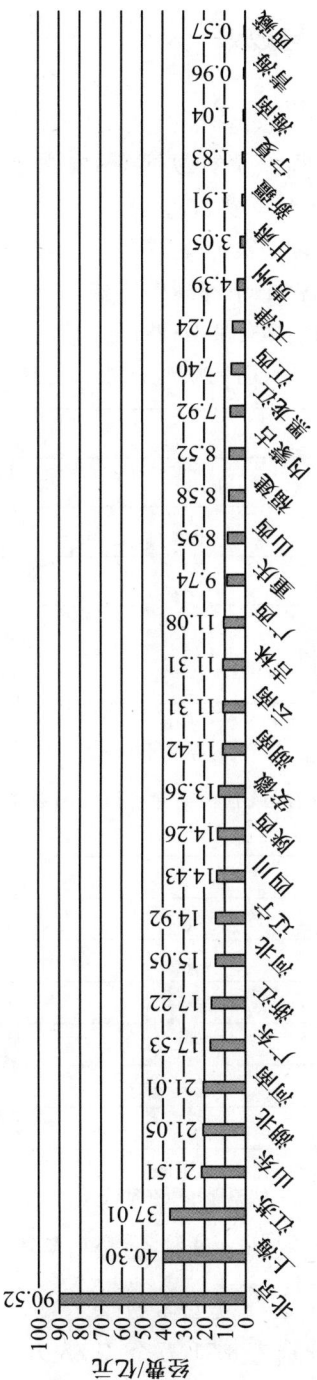

图 3-46 "十二五"期间全国 31 个省(区、市)高校实验室各类经费投入总量分布

五、实验室教学开展与成效

（一）实验教学开展

"十二五"末我国普通高等学校实验室教学实验项目开出数量为115.60万个、共计 27.00 亿人时的实验课程。

从分布区域来看。东部高校实验室教学实验项目开出数量为 53.65 万个、共计 11.89 亿人时的实验课程；中部高校实验室教学实验项目开出数量为 34.77 万个、共计 9.47 亿人时的实验课程；西部高校实验室教学实验项目开出数量为 27.18 万个、共计 5.64 亿人时的实验课程。如图3-47、图 3-48 所示。

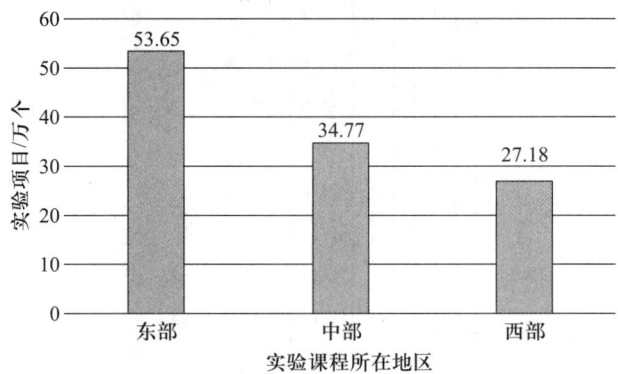

图 3-47　不同区域教学实验项目开出数量分布

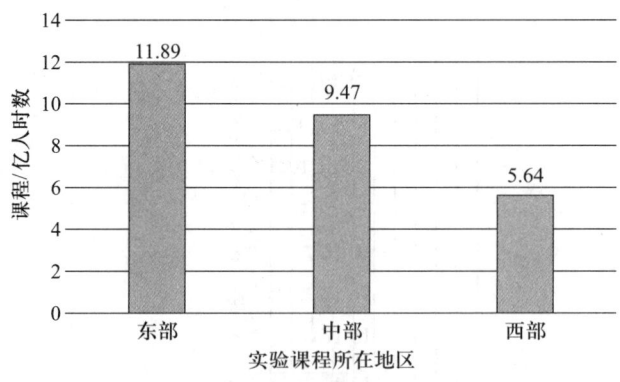

图 3-48　不同区域实验课程人时数分布

全国 31 个省（区、市）中，各类实验室教学实验项目开出总量前三位的是江苏省、山东省、浙江省，分别为 8.71 万个、7.85 万个、6.46 万个。具体排位如图 3-49 所示。

全国 31 个省（区、市）中，各类实验室实验课程人时数量前三位的是安徽省、重庆市、湖北省，分别为 3.86 亿人时、2.43 亿人时、2.19 亿人时。具体排位如图 3-50 所示。

（二）实验教学成效

2015 年实验室科研任务承担课题及服务项目数 33.05 万个；发表、出版论文、教材 36.90 万篇（册），申请并获得专利 2.80 万个；教师省部级以上及学生各类获奖共计 10.20 万项。

从分布区域来看。东部高校实验室科研任务承担课题及服务项目数 16.86 万个，发表或出版论文及教材 20.64 万篇（册），申请并获得专利 1.86 万个，教师省部级以上及学生各类获奖共计 5.03 万项；中部高校实验室科研任务承担课题及服务项目数 8.96 万个，发表或出版论文及教材 10.06 万篇（册），申请并获得专利 0.60 万个，教师省部级以上及学生各类获奖共计 3.19 万项；西部高校实验室科研任务承担课题及服务项目数 7.23 万个，发表或出版论文及教材 6.20 万篇（册），申请并获得专利 0.34 万个，教师省部级以上及学生各类获奖共计 1.98 万项。如表 3-5 所示。

表 3-5　2015 年不同区域实验教学成效基本情况　（单位：万）

区域	科研任务承担课题及服务项目数	发表或出版论文及教材数	申请并获得专利数	教师省部级以上及学生各类获奖数
东部	16.86	20.64	1.86	5.03
中部	8.96	10.06	0.60	3.19
西部	7.23	6.20	0.34	1.98
合计	33.05	36.90	2.80	10.20

全国 31 个省（区、市）中，实验室科研任务承担课题及服务项目数量前三位的是北京市、江苏省、湖北省，分别是 3.08 万个、3.05 万个、2.77 万个。具体排位如图 3-51 所示。

全国 31 个省（区、市）中，发表、出版论文、教材数量前三位的是北京市、江苏省、湖北省，分别是 4.74 万篇（册）、4.18 万篇（册）、2.68 万篇（册）。具体排位如图 3-52 所示。

全国 31 个省（区、市）中，申请并获得专利数量前三位的是江苏省、北京市、上海市，分别是 0.48 万个、0.33 万个、0.26 万个。具体排位如图 3-53 所示。

全国 31 个省（区、市）中，教师省部级以上及学生各类获奖数量前三位的是江苏省、湖北省、山东省，分别是 0.96 万项、0.83 万项、0.77 万项。具体排位如图 3-54 所示。

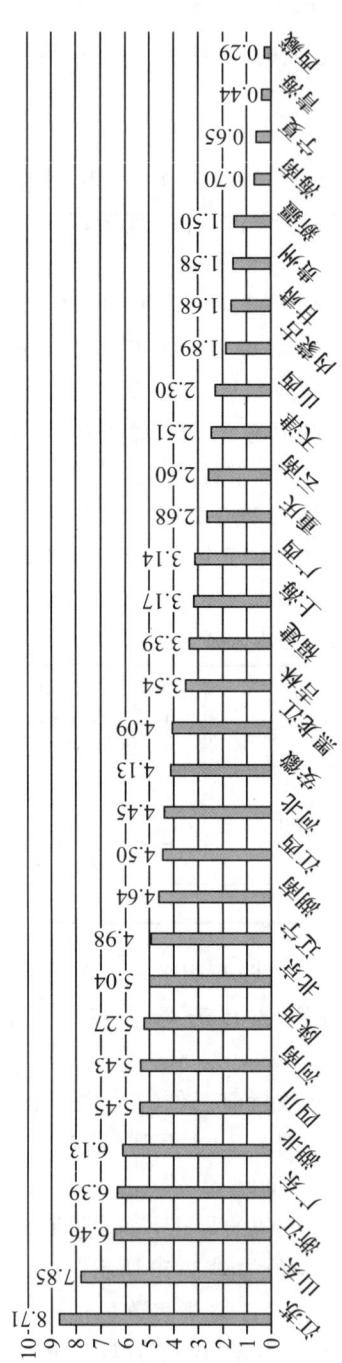

图 3-49 "十二五"期间全国 31 个省（区、市）高校实验室教学实验项目开出数量分布

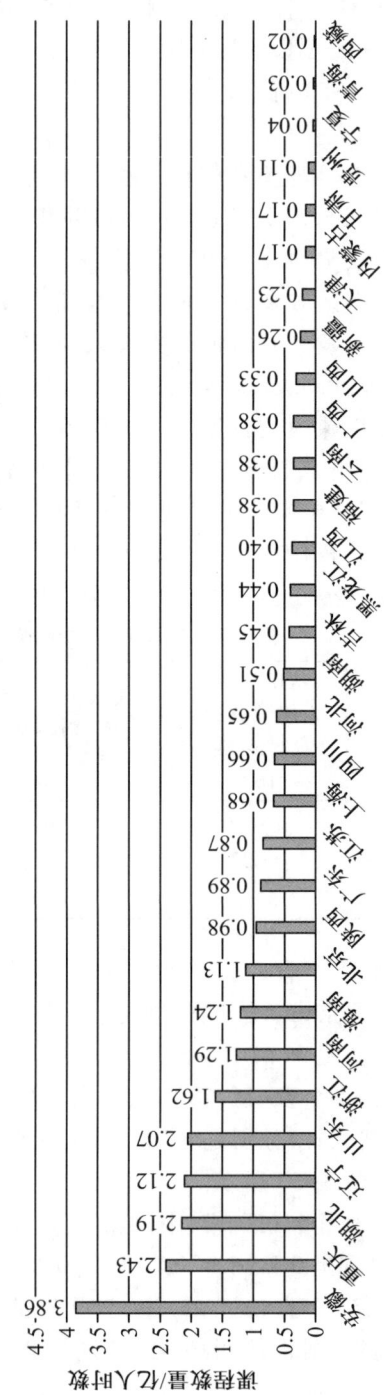

图 3-50 "十二五"期间全国 31 个省（区、市）高校实验课程人时数量分布

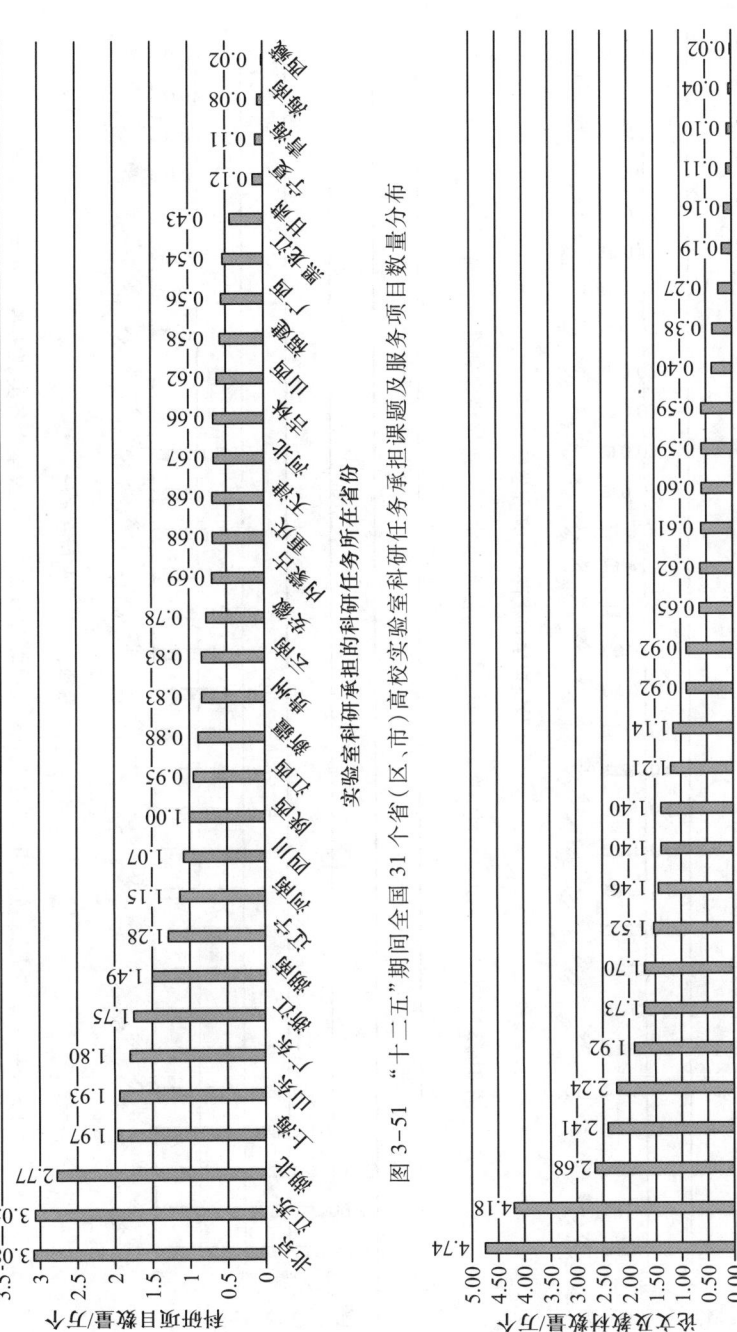

图 3-51 "十二五"期间全国 31 个省（区、市）高校实验室科研任务承担课题及服务项目数量分布

图 3-52 "十二五"期间全国 31 个省（区、市）高校实验室发表或出版论文及教材数量分布

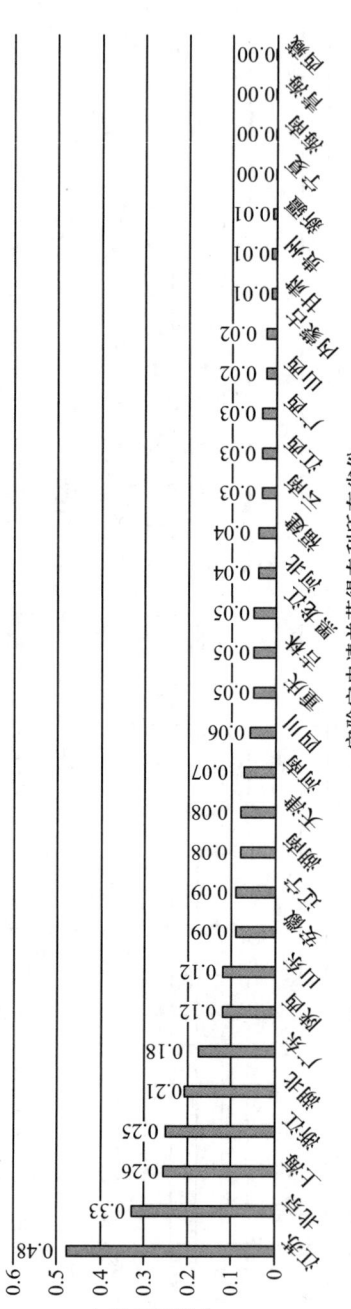

图 3-53 "十二五"期间全国 31 个省(区、市)高校实验室申请并获得专利数量分布

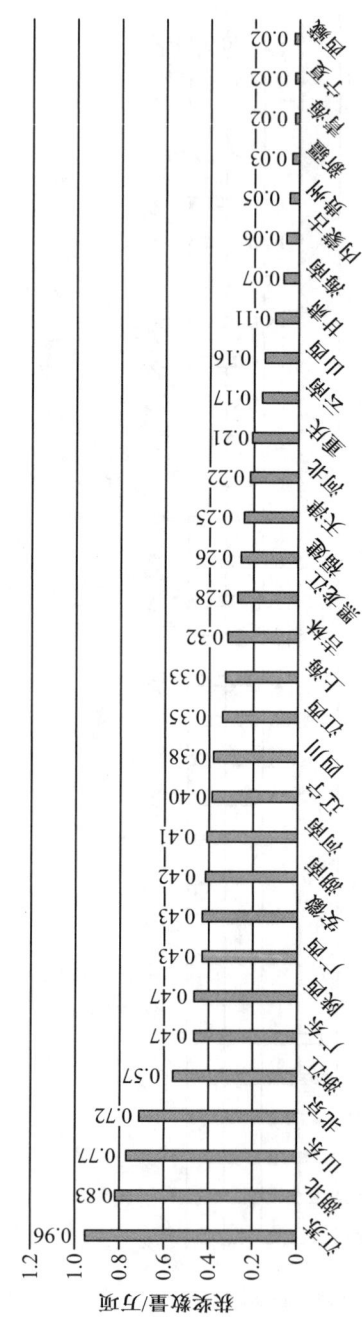

图 3-54 "十二五"期间全国 31 个省(区、市)教师省部级以上及学生各类获奖数量分布

第四章 "十二五"期间我国高校实验室建设与发展的评估与分析

一、数据处理与模型过程

运用 PASW Statistics 18.0(SPSS)软件,对全国 2015 年 31 个省(区、市)在"高等学校实验室信息统计"工作中上报的实验室建设与发展数据进行主成分分析,进而对各省(区、市)高校实验室的建设发展水平进行评估。

通过对各省(区、市)原始数据合理性分析时发现,部分指标的上报信息存在一定的奇异性,如:"教学为主实验室数量"指标全国平均为 34 个,而西藏自治区达到了 70 个;"校级实验教学示范中心数量"指标全国平均为 28 个,而西藏自治区达到了 63 个。类似数据显然存在一定的不合理性,通过分析认为,之所以西藏自治区数据远高于全国平均水平,是由于"高等学校实验室信息统计工作"上报的关于"实验室"的信息均是指"建制实验室",而西藏自治区在上报时可能将其理解为"实验分室"或者"实验房间",最终导致数据出现异常。除此之外,国内外培训信息、兼任人员信息、各类获奖信息等,不同省份间差异较大,因此为排除以上不精准因素的影响,本研究在 31 个原始指标中选取相对核心、准确的数据进行研究,主要包括:教学为主实验室面积、科研为主实验室面积、国家级实验教学示范中心数量、省级实验教学示范中心数量、一般设备数量、贵重仪器设备数量、一般设备总值、贵重仪器设备总值、实验技术人员数量、仪器设备购置经费、实验室房屋建设经费、仪器设备维护经费、实验教学运行经费、教学实验人时数、教学实验项目数量、教学论文和教材数量、科研论文和教材数量。

根据分析结果可以发现,在指标体系中可以有效提取 5 个主成分因子,累计贡献率为 86.992%(大于 85%),因此可以认为我国普通高等学校实验室建设与发展统计明细指标,在不损失原有主要信息的前提下,可以提炼为 5 个主成分因子,并能够依靠主成分因子对"十二五"期间我国高校实验室的建设与发展状态进行评价。此处将主成分因子分别暂定为 F_1、F_2、F_3、F_4、F_5。5 个主成分因子的特征根、贡献率和累计贡献率,如表 4-1 所示。

表 4-1 各主成分的特征根、贡献率和累计贡献率

成分	初始特征值			提取平方和载入			旋转平方和载入		
	合计	方差的 %	累积 %	合计	方差的 %	累积 %	合计	方差的 %	累积 %
1	8.068	47.461	47.461	8.068	47.461	47.461	6.670	39.237	39.237
2	3.032	17.835	65.296	3.032	17.835	65.296	2.669	15.700	54.937
3	1.551	9.125	74.421	1.551	9.125	74.421	2.420	14.235	69.172
4	1.181	6.948	81.369	1.181	6.948	81.369	1.700	10.002	79.174
5	0.956	5.623	86.992	0.956	5.623	86.992	1.329	7.818	86.992

表 4-2 主成分初始因子荷载矩阵

	成分				
	F_1	F_2	F_3	F_4	F_5
一般设备数量	0.953	0.145	−0.009	−0.017	0.078
一般设备总值	0.949	−0.165	−0.119	−0.046	−0.041
科研论文和教材数量	0.945	0.043	−0.112	0.059	0.030
贵重仪器设备数量	0.909	−0.259	−0.148	−0.028	−0.072
贵重仪器设备总值	0.906	−0.273	−0.173	−0.056	−0.101
科研为主实验室面积	0.881	0.036	−0.001	0.093	−0.192
仪器设备购置经费	0.728	−0.128	−0.240	−0.320	0.081
国家级实验教学示范中心数量	0.722	−0.037	0.387	−0.442	−0.084
实验技术人员数量	0.642	0.395	0.047	−0.229	−0.389
实验室房屋建设经费	0.581	0.373	−0.302	−0.101	0.290
教学论文和教材数量	0.566	0.294	0.441	0.223	0.409
教学实验项目数量	0.252	0.846	−0.087	0.283	0.084
教学为主实验室面积	0.374	0.748	−0.268	0.305	0.149
仪器设备维护经费	0.497	−0.668	0.258	0.437	0.092
实验教学运行经费	0.571	−0.644	0.211	0.395	0.081
教学实验人时数	0.153	0.313	0.788	−0.338	0.257
省级实验教学示范中心数量	0.156	0.453	0.408	0.344	−0.607

表 4-2 展示了 5 个主成分因子与原有各实验室建设发展要素之间的关系,但所蕴含的实际含义略显模糊,为了使得 5 个主成分因子具有合理的命名解释性,进一步使用方差最大方法对主成分初始因子荷载矩阵进行正交旋转。如表 4-3 所示。

表 4-3 旋转后的因子荷载矩阵

	主成分因子特征				
	F_1	F_2	F_3	F_4	F_5
一般设备总值	0.912	0.125	0.310	0.032	0.012
贵重仪器设备总值	0.912	0.020	0.319	−0.061	−0.001
贵重仪器设备数量	0.894	0.048	0.346	−0.037	−0.002
科研论文和教材数量	0.838	0.348	0.284	0.072	0.053
一般设备数量	0.826	0.386	0.221	0.225	0.063
仪器设备购置经费	0.811	0.045	0.024	0.048	−0.226
科研为主实验室面积	0.782	0.233	0.275	0.058	0.278
国家级实验教学示范中心数量	0.718	−0.148	0.038	0.562	0.138
实验技术人员数量	0.661	0.207	−0.245	0.184	0.447
教学为主实验室面积	0.186	0.903	−0.128	−0.040	0.138
教学实验项目数量	0.043	0.867	−0.196	0.093	0.273
实验室房屋建设经费	0.531	0.563	−0.116	0.081	−0.210
仪器设备维护经费	0.293	−0.190	0.915	0.018	−0.005
实验教学运行	0.383	−0.164	0.880	0.009	−0.012
教学实验人时数	−0.013	0.037	−0.065	0.951	0.102
教学论文和教材数量	0.223	0.518	0.390	0.588	0.050
省级实验教学示范中心数量	−0.015	0.208	0.023	0.122	0.908

根据表 4-3 所示,原始变量在 5 个主成分因子荷载的不同,分别赋予实际含义:

在 F_1 中,荷载权重相对较高的指标分别是:一般设备总值、贵重仪器设备总值、贵重仪器设备数量、科研论文和教材数量、一般设备数量、仪器设备购置经费、科研为主实验室面积、国家级实验教学示范中心数量、实验技术人员数量,主要体现实验室的仪器设备水平和科研能力,因此可以将 F_1 命名为实验室仪器水平与科研能力。

在 F_2 中,荷载权重相对较高的指标分别是:教学为主实验室面积、教学实验项目数量、实验室房屋建设经费,主要体现实验室的场地资源与实验容量,因此可以将 F_2 命名为实验室场地容量。

在 F_3 中,荷载权重相对较高的指标分别是:仪器设备维护经费、实验教学运行经费,主要体现实验室的运行能力,因此可以将 F_3 命名为实验室运行投入力度。

在 F_4 中,荷载权重相对较高的指标分别是:教学实验人时数、教学论文和教材数量,主要体现实验室的实验教学容量与成效,因此可以将 F_4 命名为实验室基础教学支撑能力与成效。

在 F_5 中,荷载权重相对较高的指标是:省级实验教学示范中心数量,因此可以将 F_5 命名为实验室级别水平。

基于以上 5 个主成分因子,采用回归法估计因子得分系数,如表 4-4 所示。

表 4-4　因子得分系数矩阵

	成分				
	F_1	F_2	F_3	F_4	F_5
教学为主实验室面积(X_1)	-0.059	0.406	0.041	-0.115	-0.032
科研为主实验室面积(X_2)	0.105	-0.002	0.037	-0.079	0.200
国家级实验教学示范中心数量(X_3)	0.163	-0.240	-0.167	0.320	0.057
省级实验教学示范中心数量(X_4)	-0.047	-0.053	0.060	-0.080	0.752
一般设备数量(X_5)	0.092	0.092	0.017	0.061	-0.047
贵重仪器设备数量(X_6)	0.153	-0.050	0.021	-0.096	0.002
一般设备总值(X_7)	0.149	-0.024	0.008	-0.056	-0.012
贵重仪器设备总值(X_8)	0.170	-0.071	-0.005	-0.112	0.011

续表

	成分				
	F_1	F_2	F_3	F_4	F_5
实验技术人员数量(X_9)	0.185	-0.127	-0.260	-0.006	0.330
仪器设备购置经费(X_{10})	0.197	-0.060	-0.162	0.009	-0.215
实验室房屋建设经费(X_{11})	0.072	0.230	-0.093	0.021	-0.301
仪器设备维护经费(X_{12})	-0.100	0.016	0.463	-0.004	0.034
实验教学运行经费(X_{13})	-0.072	0.011	0.426	-0.017	0.025
教学实验人时数(X_{14})	-0.064	-0.062	-0.037	0.639	-0.076
教学实验项目数量(X_{15})	-0.085	0.365	0.024	-0.032	0.070
教学论文和教材数量(X_{16})	-0.152	0.268	0.277	0.349	-0.144
科研论文和教材数量(X_{17})	0.098	0.092	0.048	-0.042	-0.022

根据表 4-5 结果可以写出以下因子得分公式：

$F_1 = -0.059X_1 + 0.105X_2 + 0.163X_3 - 0.047X_4 + 0.092X_5 + 0.153X_6 + 0.149X_7 + 0.17X_8 + 0.185X_9 + 0.197X_{10} + 0.072X_{11} - 0.1X_{12} - 0.072X_{13} - 0.064X_{14} - 0.085X_{15} - 0.152X_{16} + 0.098X_{17}$

$F_2 = 0.406X_1 - 0.002X_2 - 0.24X_3 - 0.053X_4 + 0.092X_5 - 0.05X_6 - 0.024X_7 - 0.071X_8 - 0.127X_9 - 0.06X_{10} + 0.23X_{11} + 0.016X_{12} + 0.011X_{13} - 0.062X_{14} + 0.365X_{15} + 0.268X_{16} + 0.092X_{17}$

$F_3 = 0.041X_1 + 0.037X_2 - 0.167X_3 + 0.06X_4 + 0.017X_5 + 0.021X_6 + 0.008X_7 - 0.005X_8 - 0.26X_9 - 0.162X_{10} - 0.093X_{11} + 0.463X_{12} + 0.426X_{13} - 0.037X_{14} + 0.024X_{15} + 0.277X_{16} + 0.048X_{17}$

$F_4 = -0.115X_1 - 0.079X_2 + 0.32X_3 - 0.08X_4 + 0.061X_5 - 0.096X_6 - 0.056X_7 - 0.112X_8 - 0.006X_9 + 0.009X_{10} + 0.021X_{11} - 0.004X_{12} - 0.017X_{13} + 0.639X_{14} - 0.032X_{15} + 0.349X_{16} - 0.042X_{17}$

$F_5 = -0.032X_1 + 0.2X_2 + 0.057X_3 + 0.752X_4 - 0.047X_5 + 0.002X_6 - 0.012X_7 + 0.011X_8 + 0.33X_9 - 0.215X_{10} - 0.301X_{11} + 0.034X_{12} + 0.025X_{13} - 0.076X_{14} + 0.07X_{15} - 0.144X_{16} - 0.022X_{17}$

对于地区高校实验室建设与发展综合评价。采用计算因子加权总分的方法，权重的确定由 5 个主成分因子的方差贡献率确定，具体数值为表 4-1 中"旋转平方和载入"的"方差的%"取值。

$$F = 0.392F_1 + 0.157F_2 + 0.142F_3 + 0.100F_4 + 0.078F_5$$

二、"十二五"期间我国高校实验室建设与发展评估结果

(一)高校实验室建设与发展评估结果

按照高校实验室建设与发展的评估方法与指标体系,运用主成分分析法,测算出"十二五"期间我国高校实验室建设发展综合评价数值,具体结果如表4-5所示。

表4-5 "十二五"期间我国高校实验室建设与发展评估结果

地区	综合排名		实验室仪器水平与科研能力		实验室场地容量		实验室运行投入力度		实验室基础教学支撑能力与成效		实验室级别水平	
	得分	排名	得分	排名	得分	排名	得分	排名	得分	排名	得分	排名
北京	99.00	1	46.77	3	24.75	28	99.00	1	18.27	8	28.92	13
上海	98.50	2	99.00	1	12.08	30	1.00	31	19.22	7	9.58	25
江苏	94.50	3	51.85	2	99.00	1	24.06	6	10.62	20	44.79	9
湖北	79.15	4	37.46	5	76.38	6	24.62	5	26.16	4	72.55	4
广东	67.20	5	43.13	4	51.22	15	10.77	29	11.09	19	90.00	2
重庆	67.03	6	32.02	8	76.56	5	11.13	28	69.10	2	0.01	31
浙江	63.12	7	36.38	6	67.99	10	16.72	20	10.41	21	54.02	7
四川	48.01	8	24.14	9	79.28	4	20.48	14	11.20	18	4.79	28
天津	44.47	9	36.33	7	38.56	23	10.40	30	1.00	31	46.99	8
海南	43.85	10	6.42	26	27.88	27	19.17	16	99.00	1	68.16	5
湖南	42.06	11	15.24	17	71.44	9	23.89	7	14.50	13	31.02	11
河南	42.00	12	14.27	19	74.69	7	23.88	8	22.30	5	15.66	20
江西	41.95	13	0.10	31	89.37	2	27.82	2	4.59	28	99.00	1
山东	41.32	14	19.22	14	71.69	8	17.25	19	17.48	9	14.15	21
安徽	41.00	15	18.84	15	50.36	16	20.65	13	34.59	3	23.26	17
福建	38.13	16	23.08	11	53.00	14	11.73	27	2.26	30	56.98	6
吉林	35.94	17	23.13	10	56.96	12	16.06	22	8.20	24	8.98	26
内蒙古	35.57	18	21.43	12	44.82	18	14.74	24	15.98	11	37.25	10

续表

地区	综合排名		实验室仪器水平与科研能力		实验室场地容量		实验室运行投入力度		实验室基础教学支撑能力与成效		实验室级别水平	
	得分	排名	得分	排名	得分	排名	得分	排名	得分	排名	得分	排名
陕西	34.34	19	12.33	20	61.01	11	27.78	3	11.91	16	20.05	19
广西	33.89	20	10.84	22	80.24	3	20.98	11	14.12	14	0.01	30
黑龙江	31.58	21	19.36	13	46.10	17	20.91	12	7.05	25	20.17	18
山西	25.08	22	17.11	16	39.11	22	14.87	23	10.41	22	25.13	16
云南	23.30	23	7.82	24	54.46	13	19.93	15	20.06	6	8.54	27
辽宁	22.86	24	14.92	18	30.67	26	18.25	17	13.02	15	30.86	12
河北	19.26	25	11.99	21	42.55	19	16.22	21	11.36	17	10.28	24
甘肃	17.99	26	10.37	23	39.89	21	21.32	9	6.78	26	11.84	23
宁夏	14.81	27	1.58	29	41.91	20	26.26	4	17.37	10	13.11	22
新疆	11.24	28	0.31	30	38.30	24	21.28	10	15.07	12	28.43	14
青海	9.53	29	5.14	27	34.43	25	17.31	18	4.58	29	25.21	15
西藏	1.54	30	1.89	28	1.00	31	13.91	25	6.20	27	87.22	3
贵州	1.00	31	6.46	25	16.47	29	13.68	26	8.83	23	3.08	29

为更为直观清晰地反映31个省(区、市)高校实验室的建设与发展状况以及各自所处的相对发展水平,此处进一步构造直方图,如图4-1所示。

综合表4-5和图4-1所示结果可知,"十二五"期间我国31个省(区、市)中北京市所属高校实验室建设与发展水平(99.00分)居于全国第1位,排在第2位至第4位的分别是上海市(98.50分)、江苏省(94.50分)和湖北省(79.15分)。前3位综合得分均超过90分,在全国处于绝对领先地位。其中,江苏省、上海市和北京市得分相差不大,发展水平十分均衡,湖北省则相对稍显薄弱。排名第5位至第10位的分别是广东省(67.20分)、重庆市(67.03分)、浙江省(63.12分)、四川省(48.01分)、天津市(44.47分)和海南省(43.85分)。从前10位的排名可以看出,其中有7个省份属于东部地区,并且前3名均是东部省份,1个省份属于中部地区,2个省份属于西部地区,可见东部地区高校实验室的建设与发展水平优于中部地区和西部地区。其他21个省(区、市)高校实验室的建设与发展综合得分与前10位尤其是

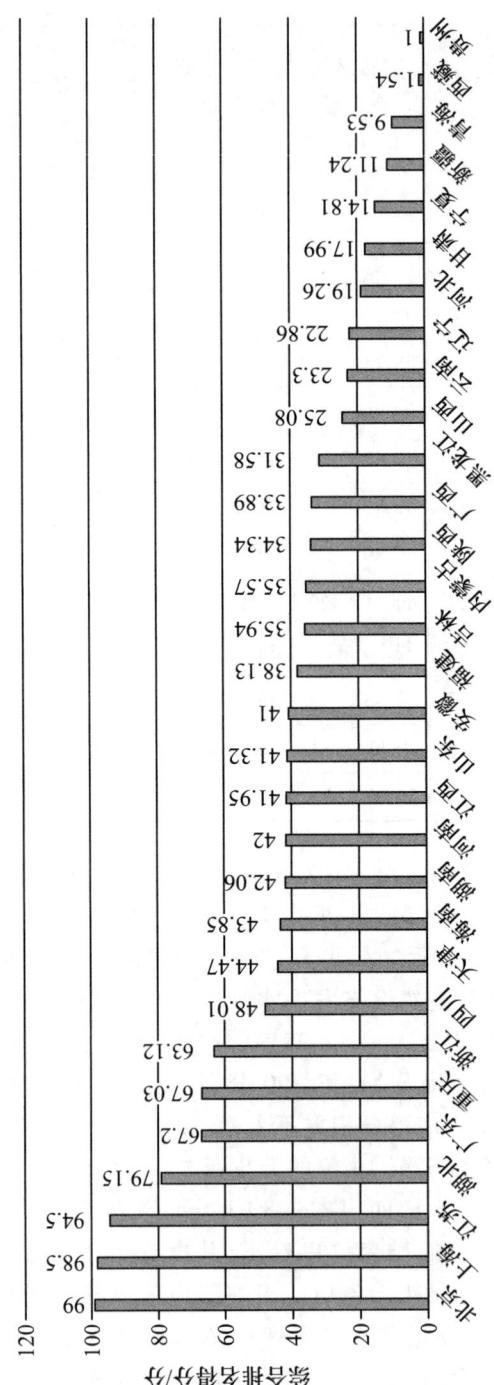

图 4-1 "十二五"期间全国 31 个省、区、市高校实验室建设与发展评价值排序

前7位相比均比较低,西部地区各省(区、市)的综合发展水平较为落后,整体实力不强。排名倒数10位(倒数第1位至第10位)的省(区、市)分别是贵州省(1.00分)、西藏自治区(1.54分)、青海省(9.53分)、新疆维吾尔自治区(11.24分)、宁夏回族自治区(14.81分)、甘肃省(17.99分)、河北省(19.26分)、辽宁省(22.86分)、云南省(23.30分)和山西省(25.08分),平均得分仅有14.66分,与前10位平均得分(70.48分)和前7位平均得分(81.21分)相比较,分别相差55.82分和66.55分。

从实验室仪器水平与科研能力来看,上海市(99.00分)、江苏省(51.85分)和北京市(46.77分)分列第1位至第3位;广东省(43.13分)、湖北省(37.46分)、浙江省(36.38分)、天津市(36.33分)、重庆市(32.02分)、四川省(24.14分)和吉林省(23.13分)分列第4位至第10位,其中上海市发展水平远高于其他地区。江西省(0.10分)、新疆维吾尔自治区(0.31分)、宁夏回族自治区(1.58分)、西藏自治区(1.89分)、青海省(5.14分)分列倒数第1位至第5位。

从实验室场地容量来看,江苏省(99.00分)、江西省(89.37分)、广西壮族自治区(80.24分)分列第1位至第3位;四川省(79.28分)、重庆市(76.56分)、湖北省(76.38分)、河南省(74.69分)、山东省(71.69分)、湖南省(71.44分)、浙江省(67.99分),分列第4位至第10位;西藏自治区(1.00分)、上海市(12.08分)、贵州省(16.47分)、北京市(24.75分)、海南省(27.88分)分列倒数第1位至第5位。可以看出排位倒数的5个省(区、市)实验室场地资源相对较为缺乏。

从实验室运行投入力度来看,北京市(99.00分)、江西省(27.82分)、陕西省(27.78分)分列第1位至第3位;宁夏回族自治区(26.26分)、湖北省(24.62分)、江苏省(24.06分)、湖南省(23.89分)、河南省(23.88分)、甘肃省(21.32分)、新疆维吾尔自治区(21.28分),分列第4位至第10位;上海市(1.00分)、天津市(10.40分)、广东省(10.77分)、重庆市(11.13分)、福建省(11.73分)分列倒数第1位至第5位。

从实验室基础教学支撑能力与成效来看,海南省(99.00分)、重庆市(69.10分)、安徽省(34.59分)分列第1位至第3位;湖北省(26.16分)、河南省(22.30分)、云南省(20.06分)、上海市(19.22分)、北京市(18.27分)、山东省(17.48分)、宁夏回族自治区(17.37分),分列第4位至第10位;天津市(1.00分)、福建省(2.26分)、青海省(4.58分)、江西省(4.59分)、西藏自治区(6.20分)分列倒数第1位至第5位。

从实验室级别水平来看,江西省(99.00分)、广东省(90.00分)、西藏自治区(87.22 分)分列第 1 位至第 3 位;湖北省(72.55)、海南省(68.16 分)、福建省(56.98 分)、浙江省(54.02 分)、天津市(46.99 分)、江苏省(44.79 分)、内蒙古自治区(37.25 分),分列第 4 位至第 10 位;重庆市和广西壮族自治区(0.01 分)、贵州省(3.08 分)、四川省(4.79 分)、云南省(8.54 分)分列倒数第 1 位至第 5 位。

(二)高校实验室建设与发展空间差异性分析

通过表 4-5 的分析结果可以发现,"十二五"我国不同地区之间,高校实验室的建设与发展水平存在显著差异,为分析差异的规律特征,我们进一步对 31 个省(区、市)的评价结果进行分类。

从综合发展水平进行分类,排位第 1 位至第 3 位属于发展绝对优势地区,得分均高于 90 分,平均得分达到 97.33 分,其发展水平远高于其他地区;排位第 4 位至第 7 位属于发展优势地区,得分均高于 60 分,平均得分达为 69.13;排位第 8 位至第 21 位属于发展程度一般性地区,得分在 50 分至 30 分之间,平均分为 39.58 分;第 22 位至第 31 位属于发展劣势地区,得分低于 30 分,平均得分仅有 14.66 分。具体如表 4-6 所示。

表 4-6 "十二五"期间高校实验室建设与发展空间分类

类别	地区	特征
绝对优势地区	北京、上海、江苏	主要为传统的教育大省(区、市),东部沿海地区,具有较好的文化环境和经济社会条件
优势地区	湖北、广东、重庆、浙江	主要为区域范围内的核心省份(区、市),具有较好的文化环境和经济社会条件,发展动力持续性较强
一般性地区	四川、天津、海南、湖南、河南、江西、山东、安徽、福建、吉林、内蒙古、陕西、广西、黑龙江	主要为中、西部地区省份(区、市),高等教育发展相对较为平稳,但增长性优势不甚明显
劣势地区	山西、云南、辽宁、河北、甘肃、宁夏、新疆、青海、西藏、贵州	主要为西部地区、边疆地区、山区,其高等教育事业发展较为滞后,增长十分缓慢,与其他地区相比较,差距十分明显

通过分类分析可以看出,"十二五"期间东部地区高校实验室的建设与发展水平优于中部地区和西部地区,同时中部地区又优于西部地区。少数

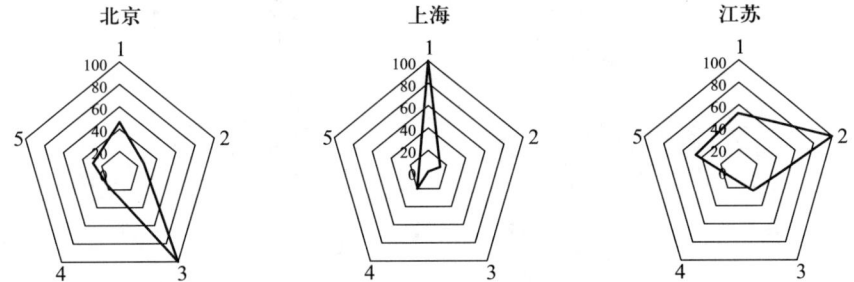

图 4-2 绝对优势地区高校实验室建设与发展特征雷达分析

民族地区、边疆地区与其他地区相比较,差距十分巨大。

（三）高校实验室建设与发展特征分析

前文从整体层面对"十二五"期间 31 个省（区、市）高校实验室建设发展水平进行了分析。为进一步突出不同省份发展的特点,本节针对 31 个省（区、市）构建包含：① 实验室仪器水平与科研能力；② 实验室场地容量；③ 实验室运行投入力度；④ 实验室基础教学支撑能力与成效；⑤ 实验室级别水平,五个发展方向的能力雷达图,更为细致地描述各地区的发展特点。

1. 绝对优势地区

通过绝对优势地区三省区雷达图（图 4-2）的分析可以发现,三个省（市）的发展模式与特点各不相同。北京市综合排名全国第 1 位,其中实验室仪器水平与科研能力、实验室运行投入力度、实验室基础教学支撑能力与成效属于发展优势指标,分列全国第 3 位、第 1 位、第 8 位；上海市综合排名全国第 2 位,实验室仪器水平与科研能力、实验室基础教学支撑能力与成效属于发展优势指标,分列全国第 1 位、第 7 位；但是实验室的场地资源较为有限,排名全国倒数第 2 位,实验室运行的投入力度也较为薄弱,排名全国倒数第 1 位；江苏省综合排名全国第 3 位,除实验室基础教学支撑能力与成效外,其余各项发展指标较为均衡。

2. 优势地区

通过优势地区四省（区、市）雷达图（图 4-3）的分析可以发现,湖北省、广东省和浙江省发展模式较为相似,综合排名分列全国第 4 位、第 5 位、第 7 位,各项指标发展相对较为均衡,尤其是湖北省各项指标发展基本保持在全国相似水平；重庆市综合排名全国第 6 位,实验室仪器水平与科研能力、实验室场地容量、实验室基础教学支撑能力与成效属于发展优势指标,分列全国第 8 位、第 5 位、第 2 位。

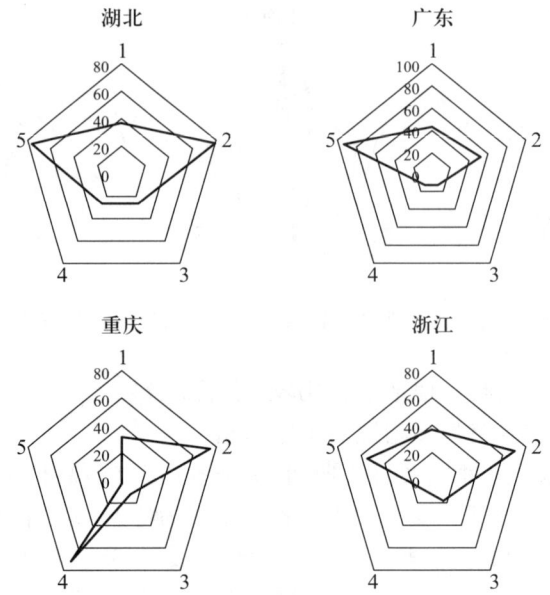

图4-3　优势地区高校实验室建设与发展特征雷达分析

3. 一般性地区

通过对一般性发展地区雷达图(图4-4)的分析可以发现,除天津市、江西省、福建省和内蒙古自治区以外,其余10个省(区、市)的发展模式保持一致,并且与优势地区省份发展模式较为相似,其中实验室场地资源、实验室基础教学支撑能力与成效为相对优势指标;福建省和内蒙古自治区发展模式较为相似,实验室场地容量、实验室级别水平为相对优势指标;天津市除实验室运行投入力度、实验室基础教学支撑能力与成效发展相对较为薄弱以外,其余指标发展较为均衡;江西省实验室场地容量、实验室级别水平为绝对优势指标,其余指标相对十分滞后。

4. 劣势地区

通过对劣势发展地区雷达图(图4-5)的分析可以发现,山西省和辽宁省发展模式较为相似,其实验室场地容量、实验室运行投入力度、实验室级别水平为相对优势指标;云南省、河北省、甘肃省发展模式较为相似,其实验室场地容量为绝对优势指标;宁夏回族自治区、新疆维吾尔自治区、青海省、西藏自治区、贵州省各项发展指标均较为滞后。

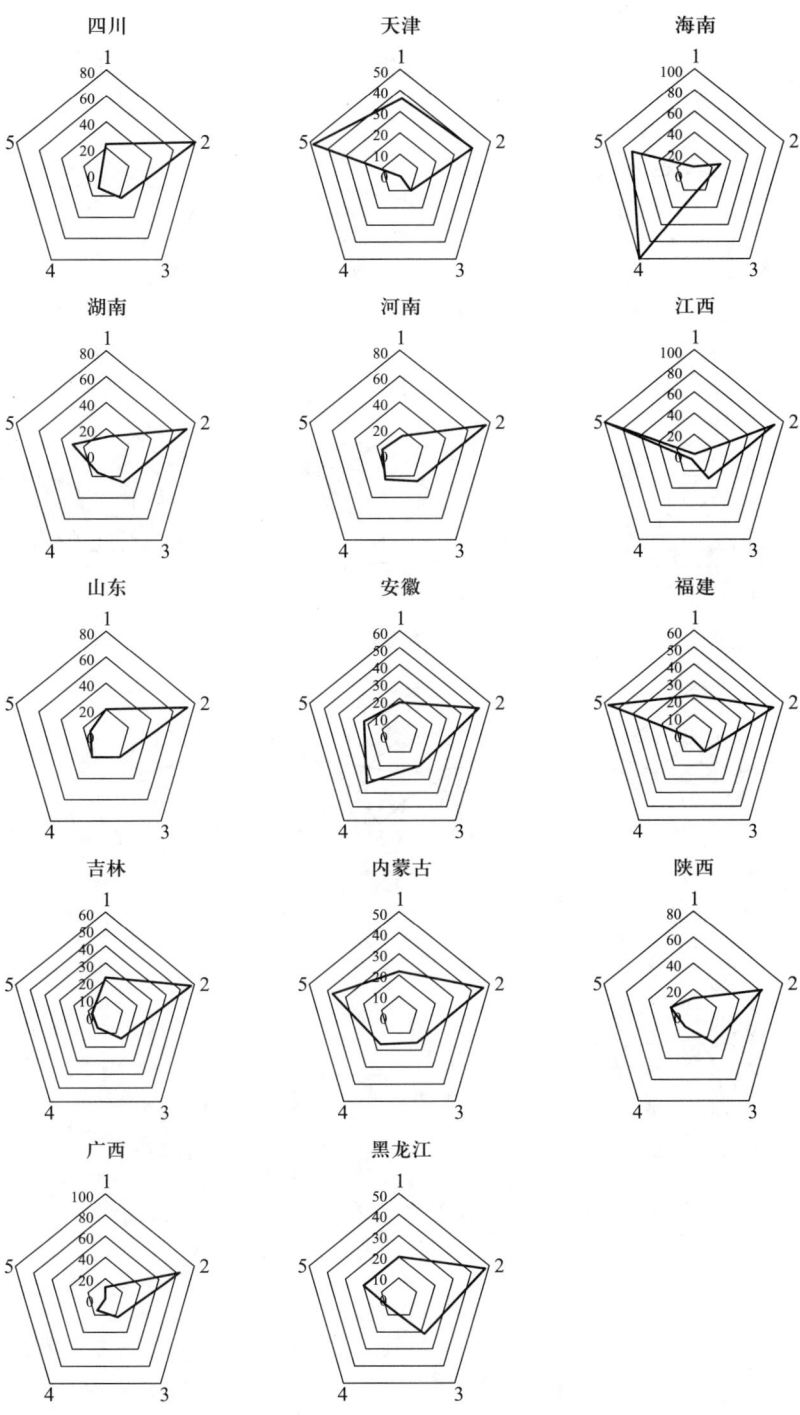

图 4-4　一般性地区高校实验室建设与发展特征雷达分析

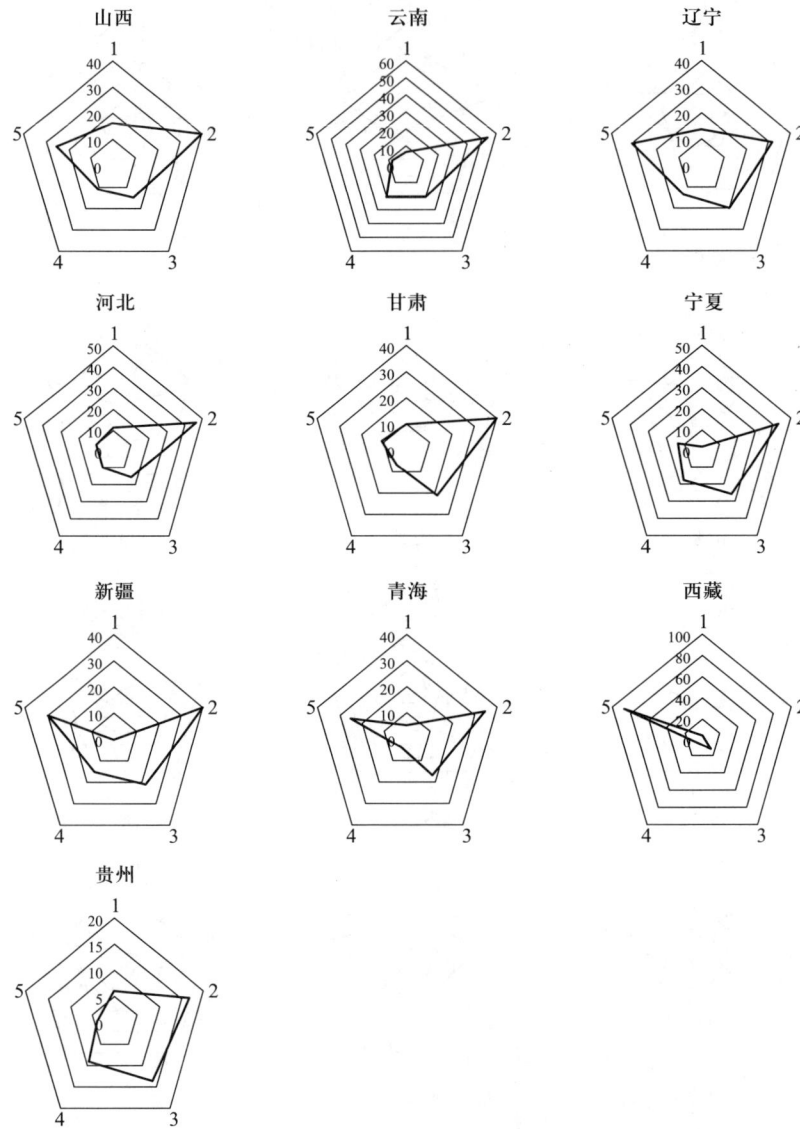

图 4-5　劣势地区高校实验室建设与发展特征雷达分析

第五章 "十二五"期间我国高校实验室建设与发展存在的主要问题与对策建议

一、我国高校"十二五"期间实验室建设与发展存在的主要问题

（一）资源投放差异性明显，实验室发展基础差距显著

从区域视角分析。实验室各类资源的投放具有明显的地域性特点，整体呈现东部多于中部，中部多于西部的格局。从实验室数量角度来看，东部地区高校共有实验室 14 564 个、中部地区高校共有实验室 9 554 个、西部地区高校共有实验室 6 796 个，所占比例分别是 47.11%、30.91%、21.98%；从实验室面积角度来看，东部地区高校实验室面积为 1 534.50 万平方米、中部地区实验室面积为 995.01 平方米、西部地区实验室面积为 679.32 万平方米，所占比例分别是 47.82%、31.01%、21.17%；从实验室仪器设备数量来看，东部地区高校实验室仪器设备合计有 1 067.67 万台套、中部地区高校实验室仪器设备合计有 566.47 万台套、西部地区高校实验室仪器设备合计有 434.17 万台套，所占比例分别是 51.62%、27.39%、20.99%；从实验仪器设备价值来看，东部地区高校实验室仪器设备总值合计有 1 583.03 亿元、中部地区高校实验室仪器设备合计有 679.90 亿元、西部地区高校实验室仪器设备合计有 514.92 亿元，所占比例分别是 56.99%、24.48%、18.54%；从实验技术队伍数量来看，东部地区高校拥有实验技术人员 19 292 人、中部地区高校拥有实验技术人员 9 872 人、西部地区高校拥有实验技术人员 6 629 人，所占比例分别是 53.90%、27.58%、18.52%；从实验室各类经费投入来看，2015 年东部地区高校各类实验室经费金额总计 270.92 亿元、中部地区高校各类实验室经费金额总计 102.63 亿元、西部地区高校各类实验室经费金额总计 82.06 亿元，所占比例分别是 59.46%、23.53%、18.01%。无论从哪个资源投放角度来看，实验室资源投入东部多于中部，中部多于西部的格局非常显著，这直接导致了区域间高校实验室建设与发展水平差距逐渐扩大。如表 5-1 所示。

表 5-1 不同区域高校实验室资源投入整体情况表

区域	实验室数量/个	实验室面积/万平方米	仪器设备数量/万台套	仪器设备总值/亿元	实验技术人员数量/人	各类经费投入/亿元
东部	14 564	1 534.50	1 067.67	1 583.03	19 292	270.92
中部	9 554	995.01	566.47	679.90	9 872	102.63
西部	6 796	679.32	434.17	514.92	6 629	82.06

从高校级别视角分析。实验室各类资源的投放具有明显的"优势"吸附特点,"985高校"强于"211高校","211高校"又强于一般高校。从实验室数量角度来看,"985高校"实验室数量3 028个、"211高校"实验室数量3 346个、一般高校实验室数量24 540个;基于各级别高校的数量,"985高校"实验室平均数量为79.68个、"211高校"实验室平均数量为45.84个、一般高校实验室平均数量为35.93个。从实验室面积角度来看,"985高校"实验室面积455.03万平方米、"211高校"实验室面积448.23万平方米、一般高校实验室面积2 305.57万平方米;"985高校"实验室平均面积11.97万平方米、"211高校"实验室平均面积6.14万平方米、一般高校实验室平均面积3.38万平方米。从实验室仪器设备数量来看,"985高校"实验室仪器设备数量392.76万台套、"211高校"实验室仪器设备数量338.77万台套、一般高校实验室仪器设备数量1 336.77万台套;"985高校"实验室仪器设备平均数量10.34万台套、"211高校"实验室仪器设备平均数量4.64万台套、一般高校实验室仪器设备平均数量1.96万台套。从实验仪器设备价值来看,"985高校"实验仪器设备价值818.70亿元、"211高校"实验室仪器设备价值494.05亿元、一般高校实验仪器设备价值1 465.1亿元;"985高校"实验仪器设备平均价值21.54亿元、"211高校"实验室仪器设备平均价值6.77亿元、一般高校实验仪器设备平均价值2.15亿元。从实验技术队伍数量来看,"985高校"实验技术队伍数量4 795人、"211高校"实验技术队伍数量5 530人、一般高校实验技术队伍数量25 468人;"985高校"实验技术队伍平均数量126.18人、"211高校"实验技术队伍平均数量75.75人、一般高校实验技术队伍平均数量37.29人。从实验室各类经费投入来看,2015年"985高校"实验室各类经费投入96.21亿元、"211高校"实验室各类经费投入80.74亿元、一般高校实验室各类经费投入278.66亿元;"985高校"实验室各类经费平均投入2.53亿元、"211高校"实验室各类经费平均投入1.11亿元、一般高校实验室各类经费平均投入0.41亿元。如表5-2所示。

表 5-2　不同级别高校实验室资源投入平均情况表

级别	实验室数量/个	实验室面积/万平方米	仪器设备数量/万台套	仪器设备总值/亿元	实验技术人员数量/人	各类经费投入/亿元
"985高校"	79.68	11.97	10.34	21.54	126.18	2.53
"211高校"	45.84	6.14	4.64	6.77	75.75	1.11
一般高校	35.93	3.38	1.96	2.15	37.29	0.41

通过表 5-1、表 5-2 可以明显发现，无论是从区域视角还是从高校级别视角，"十二五"期间高校实验室资源的投放具有明显的差异性，导致实验室发展基础差距显著。

（二）资源新增投入不断增强，整合共享效益不够明显

通过"十二五"的发展高校实验教学内容多样性得到较大提升，实验项目数量达到 115.60 万个，实验人时数达到 27.00 亿人时。为满足如此巨量实验教学工作的开展，高校往往选择增加实验室数量、扩大实验室面积、增加仪器设备数量等方法，如：全国高校实验室的数量与面积，分别由"十二五"初的 28 419 个、2 851.5 万平方米增至"十二五"末的 30 914 个、3 208.83 万平方米，净增加 2 495 个、357.33 万平方米。反观之下，基于实验室资源整合思路的效益提高工作尚未得到深入推进，主要呈现出四个方面的问题。

第一，实验资源重复投入。实验室资源涵盖面很广，涉及人、财、物、场地等方方面面。目前高校往往更加热衷于场地及设备资产的整合，见效快、易操作。但整合以后，实验教学水平却无法得到有效提高，实验室重复建设等方面的问题也随之显现。以实验室财产分割为例，分散式的实验室建设主要依托各教学单位，在实验室仪器设备、耗材配件、药品试剂的采购过程中难免存在打着本科教学旗帜，采购教师科研所需物件的情况。这便直接导致在实验室财产分割时出现物件"遗失""损坏""型号不对"等问题，而实际中这些财产都被部分教师"私有化"了。无法实现实验室财产整体分割，产生重复购置的情况。

第二，实验室建设与管理分离。传统分散式的实验室建设方式由于地点、建制都归所属学院所有，所以学院教师、教研室都积极参与实验室的规划与建设工作。同时，学院领导也认为实验室建设是"分内的事情"。但是随着实验室整合工作的推进，无论是从实验室所处场地，实验室设备资产，实验室人员，实验室效益考核等哪个层面来看，"公共属性"越来越强烈，随

之而来的便是学院逐渐降低了参与实验室建设与管理的积极性,由"分内的事情"变成了"帮助别人的事情",这直接导致了实验室的建设与管理严重脱节,水平不断降低。

第三,实验室管理制度体系建设滞后。实验室资源整合工作的开展,必须制度先行,以制度为引导,引领工作的有序开展。但恰恰相反,目前各高校实验室资源整合相关制度建设却是工作的薄弱环节。实验室场地的划归、实验技术队伍的调整、实验课程的归属、实验室资产的调拨等工作的开展,都相对缺乏文件与制度依据,造成"办事处处求人""拍脑袋做决定"的局面,严重影响了实验室整合工作的开展效率和实施效果。同时,也会在校内各部门间产生一些不必要的争论,甚至会从校级层面影响实验室整合方针政策的推行。

第四,实验队伍综合辅助能力不足。实验室整合以后,各实验室所承担的实验教学内容、体量会逐渐丰富,有的甚至会产生跨学科交叉的情况。这必然会从知识覆盖面、知识深入程度等层面对实验技术人员提出更高的要求。但是,由于长期处于"分散式"的实验室运行体制内,实验内容十分单一,实验工作强度相对较低,因此导致实验技术人员对新知识的学习能力和积极性都受到了一定的限制,"各扫门前雪"的工作态度十分明显。在"集约式"的实验室发展体制内,知识危机不断出现,实验队伍对实验教学的支撑能力捉襟见肘,加之"实验室建管分离"情况逐渐严重,以至于实验室整合效益无法有效释放。

(三)建设水平两极化发展,"二元结构"逐渐形成

受制于地区社会经济发展水平、高等教育发展能力和相关资源投入差异性的影响,我国高校实验室建设逐渐呈现两极分化的格局。通过空间差异性分析可以发现,目前实验室建设水平分为四类空间聚集区域:绝对优势地区、优势地区、一般性地区、劣势地区。其中,绝对优势地区主要为传统的教育大省,东部沿海地区,具有较好的文化环境和经济社会条件;优势地区主要为区域范围内的核心省份,具有较好的文化环境和经济社会条件,发展动力持续性较强;一般性地区主要为中、西部地区省份,高等教育发展相对较为平稳,但增长性优势不甚明显;劣势地区主要为西部地区、边疆地区、山区,其高等教育事业发展较为滞后,增长十分缓慢,与其他地区相比较,差距十分明显。这四类空间聚集区域中,绝对优势地区、优势地区高校实验室的综合建设水平远远优于一般性地区、劣势地区。

绝对优势地区中北京市发展综合评价得分达到99.00分、上海市达到98.50分、江苏省达到94.50分,平均分高达97.33分。

优势地区中湖北省、广东省、重庆市、浙江省实验室建设发展综合评价得分分别为79.15分、67.20分、67.03分、63.12分,平均得分69.13分,其中湖北省高校的实验室建设发展综合水平略高于其余三个省(市)。而进入一般性地区,实验室建设发展综合评价得分最高的四川省也仅有48.01分,所含各省(区、市)的平均得分为39.58分;劣势地区实验室建设发展综合评价得分最高的山西省仅为25.08分,最低的贵州省仅1分,所含各省(区、市)的平均得分为14.66分。因此,整体而言,全国实验室建设与发展的"二元结构"已经形成。绝对优势地区和优势地区属于"增长极",一般性地区、劣势地区属于"滞后极"。"增长极"实验室建设发展综合评价得分均值为81.21分,"滞后极"实验室建设发展综合评价得分均值为29.20分。并且通过对比2010年至2015年全国31个省(区、市)的实验室建设发展数据可以发现,这种"二元结构"呈现趋势性发展,有慢慢加剧之态势。

(四)投入产出不匹配,发展效率各有不同

通过各方面实验室资源的大量投入,最终目的是不断提高实验室的建设与发展水平,使得"投入"获得期望"产出",但对比前文分析结果发现,"十二五"各地区高校实验室的发展效率各有不同。以湖北省为例,从"投入"角度来看,实验室数量排全国第8位、实验室面积排全国第3位、实验仪器设备总价值排全国第5位、贵重仪器设备总价值排全国第6位、实验技术人员数量排全国第7位、各类实验室经费投入排全国第5位;从"产出"角度来看,实验室开出实验课程人时数量排全国第3位、实验室科研任务承担课题及服务项目数量排全国第3位、实验室发表或出版论文及教材数量排全国第3位、教师省部级以上及学生各类获奖数量排全国第2位;在实验室建设与发展评估中处于优势地区,实验室综合评价得分79.15分,排全国第4位,"产出"显然优于"投入"。但相比之下,河北省效益则没有这么突出。从"投入"角度来看,实验室数量排全国第11位、实验室面积排全国第16位、实验仪器设备总数量排全国第14位、实验仪器设备总价值排全国第18位、实验技术人员数量排全国第12位、实验室各类经费总额度排全国第9位;但从"产出"角度来看,实验课程人时数量排全国第15位、实验室科研任务承担课题及服务项目数量排全国第21位、实验室发表或出版论文及教材数量排全国第22位、实验室申请并获得专利数量排全国第18位、教师省部级以上及学生各类获奖数量排全国第20位;在实验室建设与发展评估中处于劣势地区,排全国倒数第7位;"产出"显然低于"投入"。

二、实验室建设与发展的对策建议

（一）补齐建设发展短板，均衡资源投放力度

高校实验室的建设与发展需要各类大量资源的投入，从区域来看我国中部、西部地区，从级别来看一般类型高校实验室资源的投放力度相对较低，而这种低投入造成最为明显的后果便是，高校实验室发展基础的不同以及发展动力的欠缺，从整体上阻滞了我国高校实验室全面均衡高水平发展。为此，未来高校实验室的发展，首先需要补齐建设短板，宏观层面均衡实验室资源的投放力度。具体而言，工作可以尝试从三个层面逐步展开。

依据学生当量及学科特点，适当增加实验室面积。实验室面积是支撑教学、科研活动正常开展的场地资源，对于实验室面积整体或生均不足的中部和西部地区高校，应当依据学校学科特点及学生当量适当增加实验室场地资源。具体标准可以参照表 5-3、表 5-4。

表 5-3 按学科分类实验室建筑面积建议指标 （单位：平方米/生）

学科	学科规模/人								研究生补助指标	
	500	1 000	2 000	3 000	4 000	5 000	8 000~10 000	15 000	硕士	博士
工学	12.93	11.05	9.53	8.77	8.27	7.93	7.26	7.15	6.00	8.00
理、农（林）、医	12.90	10.91	9.31	8.53	8.01	7.66	6.98	6.87	6.00	8.00
文学	2.43	1.39	0.98	0.88	0.83	0.80	0.77	0.76	4.00	4.00
外语、经济、法学、管理	2.94	2.32	1.88	1.72	1.62	1.53	1.26	1.10	4.00	4.00
艺术	15.02	12.64	10.60	9.27	8.37	7.77	6.91	—	6.00	8.00
师范艺术、艺术设计	12.32	9.78	7.61	6.64	6.20	6.00	—	—	4.00	6.00
体育	1.98	1.72	1.58	1.48	1.39	1.32	1.14	—	4.00	6.00

表 5-4　按学校类别的实验室建筑面积建议指标（单位：平方米/生）

学校类别	办学规模/人	生均实验室指标
综合大学	5 000	5.43
	10 000	4.63
	20 000	4.00
师范、民族院校	5 000	5.66
	10 000	4.77
	20 000	4.02
理工、农林院校	5 000	7.43
	10 000	6.33
	20 000	5.56
医药院校	5 000	7.40
	10 000	6.60
	20 000	6.36
财经、政法、外语院校	5 000	1.54
	10 000	1.26
	20 000	1.01
体育院校	3 000	1.78
	5 000	1.59
	8 000	1.36
艺术院校	2 000	10.60
	5 000	7.77
	8 000	6.91

依据现有仪器设备使用效率，适度增加仪器设备数量。仪器设备是支撑教学、科研活动正常开展的重要工具，没有足够数量的仪器设备，很难达到理想的教学、科研效果。对于仪器设备相对匮乏的中部地区高校和西部地区高校（尤其是西部地区高校），需要参照现有仪器设备使用效率，适度增加仪器设备数量。力争保证每个实验项目的学规仪器配套数不低于 5 套（大型仪器设备除外），仪器更新率满足 $G = \dfrac{近十年该类新品种仪器设备的台件数}{该类仪器设备总台件数} \times$

100%，机电类设备（04000000）$G>30\%$，电子类（03190000，03200000，05000000）$G>75\%$；计算机类（05010100，05010200，05010300）$G>90\%$。

根据高校发展需求，精准增加经费投入额度。各项实验室经费的投入是保障教学、科研活动正常开展的资本支撑，是实现实验室快速发展的关键要素。"十二五"期间，中部地区和西部地区实验室经费的平均投入与东部地区相比较差距甚大（2~3倍）；"985高校"实验室经费平均投入额度是"211高校"的2倍、是一般高校的6倍；"211高校"实验室经费平均投入额度是一般高校的3倍。如此大的差距，必然会导致后期不均衡发展和"二元结构"的出现，为此国家层面应当结合高校实际需求加大投入力度。但经费的投入不能盲目、不能"撒胡椒面"，这样不仅不能达到预期效果，反而会浪费国家资源。可以采用"自下而上"的方式，由地区高校根据实际需求自主申报，国家"自上而下"进行申报审核，划拨专款，并监督"专款专用"。如：对于实验室面积较为缺乏的地区可以划拨实验室建设专项经费、对于仪器设备数量不足、较为落后的地区可以划拨仪器设备购置专项经费、对于实验教学理念滞后的地区可以依托教学研究项目划拨教学研究与改革经费等。

通过三个方面工作逐步深入的推进，我国高校实验室资源投放将会逐步回归均衡，同时劣势地区实验室建设发展短板也会得到补齐，逐渐破除"二元结构"。

（二）强化实验室资源共享，充分挖掘整合效益

通过"十二五"期间的发展，我国高校实验室存量水平得到很大改善，为优化实验资源投入结构，资源的整合与共享应当得到实践与推广。但现实情况是，基于实验室资源整合思路的效益提高工作的开展尚未得到深入推进，实验资源重复投入、实验室建设与管理分离、实验室管理制度体系建设滞后、实验队伍综合辅助能力不足等方面的问题逐步显现。为解决以上问题，可以从三个方面展开。

加强实验室资源共享与整合的制度建设。实验室资源的整合必须以文件制度为依据，做到有据可依、有文可查。实验室整合工作中存在的诸多问题，其本质均是制度建设不到位所衍生出来的。本研究认为四大基础办法不可或缺。一是"实验室资源整合发展规划"，其从宏观层面引导实验室整合的实施方式和执行程度；二是"实验技术人员岗位调整与聘任办法"，借助实验室整合契机，优化实验队伍组成结构，提高实验队伍整体水平；三是"实验室资产认定与调拨办法"，保障实验室资产的"教学"属性，提高实验室资产调拨的完整性，降低整合成本。四是"实验室耗材与维修经费管理办法"，

从经费层面进一步明确不同类型实验室的责任主体,规范整合后实验室经费的使用方式。在此四项基本办法的基础之上,各高校应当结合实际工作需求及实验教学开展情况,进一步完善制度体系工作。

提升实验队伍综合能力释放发展内生动力。实验技术人员是实验室建设发展过程中溢出红利最为明显的因素之一,不断加强实验技术队伍培养力度是释放实验室资源效益最为有效的手段。"点线面"结合的队伍培训机制能够较好地适应实验室整合背景下的实验技术人员的培训需求。以新岗位需求为引导,参考职称学历结构,形成"点"的培训方式,在激发实验技术人员内生动力的同时,有针对性地参加专业方向的深入培训。以高校实验教学特点和开出形式为依据,充分发挥本校综合能力突出实验技术人员的带动能力,在队伍内部形成相对稳定的"师徒"关系,形成"传帮带"的"线"型培训模式,加快引导新进实验室技术人员的工作上手效率。在"点""线"技能培训的基础之上,针对实验技术盲点、新开实验内容、创新实验的需求,与优势学科的兄弟高校建立交流机制,互派学习,定期邀请领域内专家来校开展经验交流会议及讲座,参加国内专题培训班等。形成"面"型的规模化培训机制。

提高实验资源整合与实验教学整合协同能力。实验室整合不仅需要涉及设备、人员、场地的整合,更加需要关注实验教学内容、教学课程的整合和革新。不涉及实验教学内容的整合,是不彻底的整合,实验室资源效益也无法充分显现。为了解决实验室建设与实验室整合"两层皮"的问题,本研究认为可以从三个方面入手。首先,明确实验课程体系建设的责任主体单位和实验室日常管理的责任主体单位,在此基础之上,形成建管结合的整合系统。其次,场地设备的整合必须考虑教学课程及实验内容的整合,相同相似实验可以归并,提高实验室使用效率。第三,完善实验教学发展规划,以教学内容为主线,引导实验室的建设和仪器设备的购买。

(三) 转变资源投入方式,释放存量资源红利

纵观"十二五"期间我国高校实验室建设发展各方面要素投入情况,可以发现主要呈现"覆盖面大、涉及面广"的特点,即以"大水漫灌"形式的资源投入,整体推动高校实验室建设与发展,在"十二五"期间取得了很好的效果,实验室建设基础得到夯实。进入"十三五",为突出实验室建设特点,为"双一流"建设提供一流的实验室支撑能力,则需要创新发展思路,转变资源投入方式,提高"针对性"与"目标性",从"大水漫灌"转变为"精准滴灌"。重点加强实验室场地、仪器设备、实验人才队伍三个方面要素的投入。但这并不意味着无限制地提高"量"的水平,而是应当体现集约发展的思路,以

"协作""整合""共享"为指导,发挥资源红利的外溢效应。在"向增量要效益"的同时,同样注重"向存量要效益"。通过"十二五"周期的发展,我国普通本科高等学校实验室资源存量已经较为充裕,无论是场地、资金、设备还是人员都得到了长足发展。但随着存量的提升,资源的边际效益也在逐渐下降,甚至阻碍了效益的释放。因此"十三五"期间各高校不应再一味追求各类资源"增量"的投入,而应该更加关注对于现有"存量"资源效益的挖掘。在实验室场地方面,走集约化发展道路,在保证实验室场地资源满足需求的前提下,更加注重实验室综合服务能力的提升,走内涵式发展道路,培育建设一批能够满足"双一流"高校发展需求的"一流"实验室,整合场地资源,为新的发展需求腾挪空间;在实验人员方面,人才队伍的建设应当进一步突出专业性,弱化兼任特性,同时加强对现有人才队伍的培养力度,充分激发人员探寻教学和科研工作新方法、新思路的内生发展动力;在实验室仪器设备方面,尤其是大型精密仪器设备,要认真践行"开放、共享"的发展理念,其中,尤其以挖掘精密仪器资源红利为工作重点,结合《国务院关于国家重大科研基础设施和大型科研仪器向社会开放的意见》文件精神,积极推进大型仪器开放与共享工作,搭建区域内和区域间的共享服务机制。

(四)动态监测以评促建,提升实验室发展效率

"十二五"期间我国部分地区高校实验室的"投入"与"产出"并不完全匹配,大量的资源投入并未得到高质量的教学和科研效果产出,这主要源于实验室建设理念与方法的滞后以及对发展状态与水平的错判。为破解这一问题,必须加强监测与评价工作,以评促建。

持续开展状态统计工作,逐步启动水平评估工作。从国家及省(区、市)层面来看,对于高校实验室建设发展整体状态的监测已经得到深入执行,高校实验室基本信息的统计收集工作,已经被纳入国家法定统计范畴,2006年至今教育部提出的新版高校实验室信息统计架构已经执行十余年,数据积累丰富,前期工作十分扎实。为提高监测数据对实验室发展的指导作用,需要从整体层面分区域、分类别有针对性地对高校实验室建设与发展状态进行综合评估,并形成连续性成果,为进一步科学合理地制定"高等学校实验室建设发展规划"提供参考与支撑。依据评估结论准确回答实验室建设发展的根本性问题,如:"目前高校实验室的建设与发展水平如何""现阶段高校实验室建设与发展特点怎样,存在哪些问题,怎样解决""下一步应当如何投入实验室资源才是最为有效的"等。

以国家及省(区、市)综合评估为导向,落细落小高校实验室效益考核工

作。国家及省(区、市)综合评估往往以区域高校为对象,进行整体性评估,评估结论能够为区域优化实验室建设发展思路提供重要参考,并且为高校间的横向比较提供手段。为了将评估结论与建议落到实处,以高校建制实验室(实验分室、实验中心)为对象的实验室效益考核体系需要进行科学合理构建。本研究提出教学实验室效益考核体系关键"五要素",即:"体制与管理""实验教学""实验室与仪器设备""实验队伍""环境与安全"。并在五个要素的基础之上,根据实验室特点(专业课、基础课;文科、理工科等),设定要素之间的权重关系,用以适应不同高校实验室考核工作的重点关注内容,形成一种整体结构稳定,考核重点灵活的评价框架。其中,"体制与管理"需涵盖"实验室建立与管理机构、管理手段、管理制度及执行、实验档案管理、基本信息的收集整理上报"六个方面关键点;"实验教学"需涵盖"教学任务执行、实验项目管理、实验教材、实验研究、实验报告和考核"五个方面关键点;"实验室与仪器设备"需涵盖"实验室利用率、仪器设备管理、实验耗材管理、仪器设备完好率与维修、实验室开放与创新"五个方面关键点;"实验队伍"需涵盖"岗位职责、人员数量与结构、人员的考核、人员培训、实验技术员工作饱和度"五个方面关键点;"环境与安全"需涵盖"实验场所、卫生与环境、安全设施、生物、化学安全"四个方面关键点。具体指标体系参考如表5-5所示。

表5-5 高校建制教学实验室(实验分室、实验中心)效益考核体系

序号	评估内容	评估标准	评估方式	总分
1-1	实验室建立与管理机构	学院有一名院长主管实验室工作;实验室有正式聘任的实验室主任;实验室的建立经过学校(或学院)正式批准或认可	有一名院长主管实验室工作加1分;有正式聘任的实验室主任加1分;查阅学校批准文件或认可文件,确认有文件加1分	3
1-2	建设计划	实验室有建设规划(计划)和近期工作计划。专业实验室建设应体现出本专业发展水平	查阅建设规划或工作计划文件中有无实验室建设的内容。有规划且执行较好的,得3分;有规划但执行一般的,得1分;无记0分	3
1-3	管理手段	实验室基本信息(人员、场地、设备等)实现了信息化管理	查看实验室基本信息电子档案,审核信息准确性和完整性。根据实际情况,记0~2分	2

续表

序号	评估内容	评估标准	评估方式	总分
1-4	管理制度及执行	根据实验室特点,分类进行制度上墙;在学校实验室管理相关办法的基础上制定具有自身特点的内部管理制度;根据制度具体执行并落实实验室管理	管理制度上墙情况良好,根据实际情况,加0~2分;根据本单位实际制定内部管理制度,根据实际情况,加0~2分;制度执行落实情况良好,根据实际情况,加0~2分	6
1-5	实验档案管理	实验室建立工作档案管理制度,实验员工作日志、实验情况记录、实验室开放记录、大型仪器使用与维修等档案完整、真实	检查实验员工作日志、实验情况记录、实验室开放记录等资料,完整、真实且妥善保存,记3分;完整但存在明显临时拼凑痕迹的,记1分;无,记0分	3
1-6	基本信息的收集整理上报	实验室任务(实验教学、科研、社会服务)、人员情况、仪器设备等信息的收集、整理、汇总上报有专人负责,并能够准确反映学院真实条件	上报数据准确、连续、真实记3分;数据存在一定偏差,但与客观实际基本对应,根据实际情况,记0~2分;数据混乱,严重失实,记0分	3
2-1	教学任务执行	实验课表、实验情况记录、调课记录,整齐完整	每个建制实验室抽查三门以上实验课程,对照实验课表、调课记录、实验情况记录,查看实验课程开出情况。根据实际情况记0~4分	4
2-2	实验项目管理	每个实验项目管理规范,记载有实验名称、面向专业、实验类别、每组人数、组数、实验时数、主要仪器设备名称、规格型号、数量以及材料消耗额等	抽查实验项目管理记载情况。记载完整、真实,根据实际情况记0~5分	5
2-3	实验教材	有实验教材或实验指导书	检查所开实验项目的实验教材或指导书,根据实际情况记0~3分	3

续表

序号	评估内容	评估标准	评估方式	总分
2-4	实验研究	有本科实验教学研究和成果	检查考核学年内教师或实验技术人员本科实验教学研究（含实验教学方法、实验技术、实验装置的改进）获奖及成果。国家级一项加3分、省部级一项加2分、校级一项加1分，总分不超过5分	5
2-5	实验报告和考核	理工类实验室具有完整的实验报告；文科类实验室具有完整的实验考核记录	抽查三组经批改的实验报告或考核结果。有的记3分；不完整的记1分；无，记0分	3
3-1	实验室利用率	各本科教学实验室利用率平均值；利用率＝实际开出学时数/理论学时数，其中理论学时数＝30（周）×6.5（天）×4.5（小时）＝877.5学时	依据实验课表，各本科教学实验室利用率平均值×10分（取小数点后1位，四舍五入）；总分不超过10分	10
3-2	仪器设备管理	仪器设备的固定资产账、物、卡相符率达到100%	抽查10台（件）。其中以物对卡5台，以卡对物5台。仪器设备分类号、名称、型号、校编号，完全正确的记5分，达不到则根据比例计算（完全正确台件数/10）×5，取小数点后1位，四舍五入	5
3-3	实验耗材管理	单价低于1 000元的低值耐用品的账物相符率不低于90%	抽查10件账（卡）物核对，其名称、规格、型号、价格，差错不得超过1件，达到的记4分，达不到则根据比例计算（完全正确台件数/10）×4，取小数点后1位，四舍五入	4
3-4	仪器设备完好率与维修	仪器设备的维修要及时。现有仪器设备完好率应不低于95%。维修及时、经费使用合理	抽查10台不同类型仪器设备，完好率应不低于95%，达到的记4分，90%~95%记2分，85%~90%记1分，低于85%记0分	4

续表

序号	评估内容	评估标准	评估方式	总分
3-5	实验室开放与创新	在基本实验教学体系以外的实验室开放和创新活动	查看开放情况记录,根据实际情况记0~2分	2
4-1	岗位职责	实验室主任、技术人员和工人有岗位职责及分工细则,专职技术人员每人有工作日志	检查实验室岗位职责文件,现场考察人员分工及落实情况,根据实际,记0~4分	4
4-2	人员数量与结构	实验室有专人负责(不串岗、混岗),在编实验技术人员中,副高级技术职务人员要占20%以上	实验室是否有专人负责,有的加2分;人员结构是否满足比例,满足的加1分	3
4-3	人员的考核	实验室有对专职人员和兼职人员的具体考核办法和定期考核材料,并遵照执行	检查考核办法(文件)和考核材料(表格、记录、结论)。有具体考核办法,加2分;有考核办法并遵照执行,加2分	4
4-4	人员培训	实验室有人员年度培训计划,并具体落实	检查近1~2年培训计划及执行情况。有人员年度培训计划,加2分;有年度计划并具体落实的,加2分	4
4-5	实验技术员工作饱和度	建制实验室实验技术人员人均工作当量达到基本要求25 000人/时	依据实验课课表进行计算。达到的记5分,达不到则根据比例计算(人均工作量/25 000)×5,取小数点后1位,四舍五入	5
5-1	实验场所	实验室无破损,无危漏隐患,门、窗、玻璃、锁、搭扣完整无缺,墙面脱落及污损;实验室挂有安全信息牌,信息包括安全责任人有效的应急联系电话等,并及时更新;张贴相应的安全警示标识;消防通道通畅;实验室的钥匙有备用,由专人管理	非化生药医类,总分5分;现场查看,根据实际情况记0~5分;化生药医类总分3分,根据实际情况记0~3分	5/3

续表

序号	评估内容	评估标准	评估方式	总分
5-2	卫生与环境	实验室物品摆放有序,卫生状况良好;无废弃物品(如纸板箱、废电脑、破仪器、破家具等);不烧煮食物、用餐;通风环境良好,无明显异味	非化生药医类,总分5分;现场查看,根据实际情况记0~5分;化生药医类总分3分,根据实际情况记0~3分	5/3
5-3	安全设施	实验室有防爆炸、防盗、防破坏的基本设备和措施;灭火器配备数量合理,无灭火器过期现象,摆放位置利于取用;用电、用水无安全隐患	非化生药医类,总分5分;现场查看,根据实际情况记0~5分;化生药医类总分3分,根据实际情况记0~3分	5/3
5-4	生物、化学安全	1. 有实验室内化学品的动态台账;有序分类存放,放置位置便于查找取用; 2. 危险品仓库正常使用、危险化学品分类存放、实行双人双锁管理、危险品购、用台账完善; 3. 有相应的管理制度、事故应急预案、安全管理制度; 4. 有气体钢瓶台账,钢瓶颜色和字体清楚,有状态标识牌; 5. 涉及剧毒、易燃易爆气体的场所,配有通风设施和监控报警装置等; 6. 无实验室外堆放实验废弃物现象	非化生药医类实验室此项不评分;化生药医类实验室1~6项,每项符合加1分	0/6

第六章 区域高校"十二五"期间实验室建设发展资源效益水平的研究——以湖北省为例

一、模型设定、变量说明与分析框架

（一）模型设定

本研究在萨克斯（Sachs）、华纳（Warner）、帕皮亚克斯（Papyrakis）所提出模型的基础上，根据高校实验室建设与发展特点，建立如下数据模型，如公式6-1所示。

$$y_t^i = \alpha_0 + \alpha_1 z_t^i + \varepsilon_t^i \qquad (6-1)$$

式中，y代表实验室的建设效益，z为控制变量的向量集合，α_0为常数项向量，α_1为系数向量，ε为随机扰动项，t为时间向量，i为对应各个高校的截面单位。由于控制变量涉及各个方面（面积、金额、数量等），变量的绝对值数据不适合进行横向比较，并且数据间量纲存在差异，因此此处均选择控制变量的相对值进行度量与作用关系的研究。

（二）变量定义及数据来源

根据《教育部办公厅关于报送高等学校实验室信息统计数据的通知》（教高厅函〔2006〕45号）中所列报表要求（教学科研仪器设备表、教学科研仪器设备增减变动情况表、贵重仪器设备表、教学实验项目表、专任实验室人员表、实验室基本情况表、实验室经费情况表、高等学校实验室综合信息表（一）、高等学校实验室综合信息表（二）），将实验室建设效益的控制变量设定为设备数量（Eq）、设备金额（Ae）、实验室面积（La）、实验室数量（Lq）、实验人才队伍（Et）、承担的教务任务（Tt）。实验室建设效益以产出成果为代表（y）。将变量代入公式6-1，建立数据分析模型，如公式6-2所示。

$$y_t^i = \alpha_0 + \alpha_1 Eq_t^i + \alpha_2 Ae_t^i + \alpha_3 La_t^i + \alpha_4 Lq_t^i + \alpha_5 Et_t^i + \alpha_6 Tt_t^i + \varepsilon_t^i \qquad (6-2)$$

设备数量（Eq）：学校内具有资产编号，主要用于实验用途的仪器设备，单位：台件。

设备金额（Ae）：学校内具有资产编号的实验仪器价值金额，单位：万元。

实验室面积（La）：指经学校正式批准的教学实验室面积，单位：平方米。

实验室数量（Lq）：指经学校正式批准的教学实验室数量，如由几个实验室(分室)联合而成的实验中心(实验室),应按一个实验中心(实验室)计算,单位:个。

实验人才队伍(Et):学校内从事实验教学工作的具有工号的相关人员数量,单位:人。

承担的教务任务(Tt):实验室支撑开展的教研教学内容、参与的学生规模及时间,单位:人学时。

实验室建设效益(y):以产出成果为代表,主要包含:论文数量、教师获奖与成果数量以及学生获奖数量,单位:项。

在相关领域的研究成果中,目前尚无高校实验室建设与发展存在明显周期作用因素的结论产生,同时受限于数据可得性,因此本研究将数据时间起点设定为 2012 年,终点设定为 2015 年,跨度 4 年。同时,为了保证数据完整性,选取湖北省 2012 年至 2015 年 58 所普通本科高等学校为分析对象①,数据包含 232 个向量、1 624 个数据。

(三)分析框架

首先,从宏观层面描述各控制变量与实验室建设效益之间的趋势性相对关系。其次,在模型 6-2 的基础上,实证分析高校实验室建设效益释放路径与要素水平,具体包括两个步骤:其一,对控制变量与实验室建设效益进行整体性实证分析,即 6 个控制变量综合作用下的效益状态。其二,对控制变量与实验室建设效益进行专门性实证分析,即逐步引入各个控制变量,分析变量之间的作用关系以及相应的效益状态。第三,结论与建议。

二、实验室建设要素投入与效益的初步比较

在进一步论证实验室建设要素投入与实验室效益之间的关系之前,先从整体层面对其之间的关系进行初步比较。以 2012 年至 2015 年时间跨度内 58 所普通本科高等学校的 6 个实验室建设要素变量历年之和为对象,进行趋势对比分析。如表 6-1、图 6-1 所示。

表 6-1　2011 年至 2015 年湖北省 6 个实验室建设各要素投入与实验室效益数据

年份	Lq	La	Eq	Ae	Et	Tt	y
2012	1 952	2 083 266	1 110 036	1 146 429	15 438	154 012 561	30 551

---

① 58 所普通本科高等学校不包含 2011 年以后专升本的学校;时间跨度内学校名称发生变更的高校,数据已经做出对应调整。

续表

年份	Lq	La	Eq	Ae	Et	Tt	y
2013	2 104	2 315 941	1 189 857	1 274 787	16 979	538 648 294	42 017
2014	2 166	2 308 800	1 280 455	14 101 751	15 540	236 448 677	39 648
2015	2 245	2 413 692	1 356 873	1 542 677	15 943	258 130 262	39 197
年均增长率	4.77%	5.03%	6.92%	10.4%	1.08%	18.78%	8.66%

由于各要素变量的量纲存在差异,且为了能够直观地进行结果比对,此处对各要素变量的数值进行对数处理。

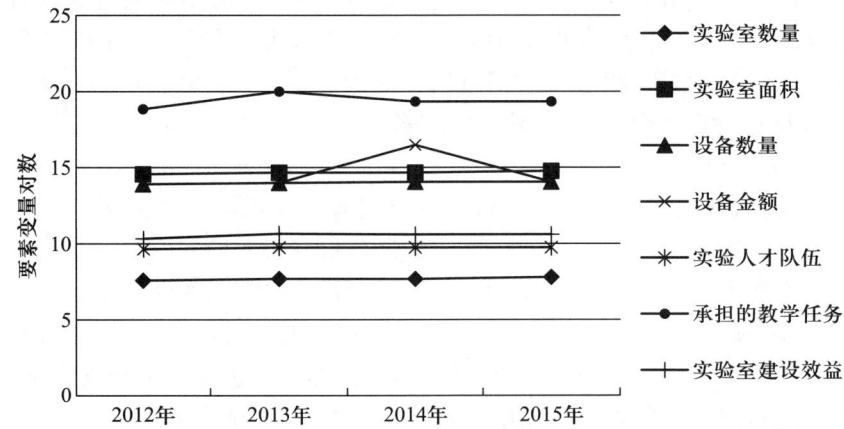

图 6-1　2012 年至 2015 年湖北省 6 个实验室建设各要素投入与实验室效益发展趋势

图 6-1 可以发现,"十二五"期间各实验室建设要素投入水平从"量"的层面来看始终保持稳步增长态势,同时实验室建设效益也显现出相同的发展趋势。整体来看,6 个实验室建设要素变量与实验室建设效益保持着明显的正相关性,其中,承担的教务任务的年均增长率高达 18.78%,实验室建设效益年均增长率达到 8.66%。局部分阶段来看,2012 年至 2013 年各项要素投入增长率最高,实验室建设效益增长也最为明显,本文认为这与 2010 年国务院审议并通过的《国家中长期教育改革和发展规划纲要(2010—2020 年)》有着直接的联系。期间,国内高校实验室建设水平得到了较大提升。

通过实验室建设要素投入与效益的初步比较,可以发现:当前高校实验室建设效益的释放主要可能会涉及仪器设备、人员队伍、场地、教学内容等方面要素的投入。但这些要素在何种水平作用于实验室建设效益的释放、作用效果是否显著、作用路径如何等问题,则需要进行进一步的深入研究。

三、实验室建设效益释放的要素水平分析

（一）实验室建设要素投入与效益释放的整体性分析

采用固定效应模型进行面板数据回归分析，相关估计与检验均借助 Stata12.0 软件实现。

表 6-2 实验室建设要素整体统计分析结果

变量	系数	显著性水平	样本数量/个
Lq	0.181 300 7(1.18)	0.240	232
La	0.326 310 8(3.72)***	0.000	232
Eq	0.068 687 1(0.15)	0.881	232
Ae	0.863 551 1(2.31)**	0.022	232
Et	0.423 377 1(4.84)***	0.000	232
Tt	0.005 128 7(0.55)	0.585	232
R^2	0.593 5		
F 统计量	34.23		

注：**、***分别表示在5%、1%统计水平下显著；圆括号内为 t 统计值。

表 6-2 统计分析结果表明，不同的实验室投入要素对效益的释放具有不同的影响。实验室数量、设备数量及承担的教务任务三个变量与实验室效益的释放没有显著性关系；实验室面积、设备金额、实验人才队伍三个变量与实验室效益的释放具有显著正相关关系。在此基础之上，剔除非显著性因素的影响，运用模型2做进一步分析。

表 6-3 实验室建设显著性要素整体统计分析结果

变量	系数	样本数量/个
La	0.374 108 3(4.85)***	232
Et	0.430 313 4(4.96)***	232
Ae	0.921 693 9(3.14)***	232
R^2	0.588 9	
F 统计量	35.40	

注：***分别表示在1%统计水平下显著；圆括号内为 t 统计值。

表 6-3 统计分析结果表明，实验室面积与实验室效益释放在 1% 水平上显著正相关，实验室面积每增加 1%，实验室效益水平提升约 0.37%。表明，在"十二五"期间，虽然依靠扩大实验室面积追求效益仍然有效，但这种效益的边际性已经开始减弱，这一粗放的发展模式将不再能够适应新时期高校发展的需求。

实验人才队伍与实验室效益释放在 1% 水平上显著正相关，实验人才队伍人员数量每增加 1%，实验室效益水平增加约 0.43%。表明，实验人才队伍对实验室效益的拖动能力不是非常明显。结合高校实验队伍人员的实际结构特点，认为导致系数偏小的原因主要有两点：其一，现有实验人员"兼任性"特点突出，以 2015 年湖北省为例，"兼任"人员占总人数的比例为 51.77%，这部分人员工作岗位不固定，实验室管理及技术研究相对不够深入。其二，实验队伍"流动性"大，副高级及以上职称大多被"资历深者所占据"，这部分人员对新技术的接受能力有限，而相比之下新进入的硕士、博士职称迟迟无法晋升，导致优秀人才流失。

设备金额与实验室效益释放在 1% 水平上显著正相关，设备金额每增加 1%，实验室效益水平提升约 0.92%。表明，在"十二五"发展周期内，与其他实验室建设要素相比较，仪器设备已经成为实验室建设发展的核心要素资源，提高仪器设备的使用效益便能够有效的促进实验室建设效益的释放。

（二）实验室建设要素投入与效益释放的路径分析

通过以上分析，已经对实验室建设要素投入与效益释放之间的联系有了整体性的了解，为了进一步挖掘各要素影响效益释放的具体路径，采用逐步添加控制变量的方法进行专门性研究。

表 6-4 要素投入与效益释放逐步分析结果

变量	1	2	3
La	0.375 188(4.39)***	0.373 278 9(4.54)***	0.374 108 3(4.85)***
Ae		1.172 203(3.81)***	0.921 693 9(3.14)***
Et			0.430 313 4(4.96)***
R^2	0.623 7	0.500 1	0.588 9
F 统计量	56.46	60.48	35.40

注：*** 表示在 1% 统计水平下显著；圆括号内为 t 统计值。

首先，单独引入实验室面积要素作用于实验室效益释放，表 6-4 第 1 列显示，二者在 1% 水平上显著正相关，作用系数为 0.375 188，即前者每增加

1%的水平,后者则随之提高约 0.38%。

在表 6-4 第 2 列进一步引入设备金额要素,结果显示设备金额要素作用系数为 1.172 203;同时,实验室面积要素作用系数由 0.375 188 微弱变化为 0.373 278 9。这说明,实验室面积要素的作用强度不会因为其他要素的引入而发生明显变化,其红利释放能力将会始终维持在一个较低的水平,向"量"要效益的发展路径已经受到了限制。相比之下,设备金额要素的作用强度则十分明显。

表 6-4 第 3 列同时引入实验室面积、设备金额及实验人才队伍三个要素,结果显示实验人才队伍作用系数为 0.430 313 4;同时,实验室面积要素作用系数由 0.373 278 9 微弱变化为 0.374 108 3,设备金额要素作用系数由 1.172 203 降低至 0.921 693 9。这表明实验人才队伍特别是其中的仪器设备管理与操作人员,不能够与设备的科技水平相匹配,进而导致仪器设备应有的资源红利受到了限制与埋没。

以上研究表明,在现有的实验室要素投入体系中,仪器设备已经成为核心要素,其对实验室建设效益的释放起着至关重要的作用。为论证仪器设备与效益释放之间的关系,本文以精密仪器要素为对象,进一步分析二者之间的作用方式。

表 6-5　精密仪器要素投入与效益释放统计分析结果

变量	系数	样本数量/个
Pi	0.050 754 7(0.36)***	232
R^2	0.518 3	
F 统计量	75.29	

注:***表示在 1%统计水平下显著;圆括号内为 t 统计值。

表 6-5 可以发现,精密仪器与实验室效益释放在 1%水平上显著正相关,作用系数为 0.050 754 7,精密仪器金额每增加 1%,实验室效益水平仅增加约 0.05%。这表明精密仪器资源的投入目前对实验室建设效益释放所起的作用还不是非常明显,但与仪器设备作用能力相比较(作用系数为 0.921 693 9),其后期发展空间较大。基于前期各高校实地调研数据及访谈反馈,认为导致精密仪器作用强度较低的原因主要是由于"总量不足、分布不均"。第一,省内 5 所精密仪器较为集中的高校(武汉大学、华中科技大学、中国地质大学(武汉)、武汉理工大学、华中农业大学),其精密仪器金额便占据了全省总金额的 75.8%,分布严重不均,"想用的人用不到"情况突

出;第二,全省精密仪器总金额占仪器设备总金额的比例约为16.1%,台件数占比约为0.18%,整体来看总量不足,"想用的人买不起"。

综上所述:首先,实验室数量、设备数量及承担的教务任务三个要素与实验室效益释放没有显著性关系;实验室面积、设备金额、实验人才队伍三个要素显著正向作用于实验室效益的释放。其次,仪器设备要素的投入是支撑实验室效益释放的核心。第三,实验室面积要素红利释放能力始终维持在一个较低的水平;实验人才队伍要素能动效应没有充分显现,对实验室效益的推动效果偏弱,并且其组成结构与现有设备的科技水平不相匹配。第四,精密仪器要素目前尚没有发挥应有的正向激励作用,主要是由于"总量不足、分布不均"。

四、湖北省实验室建设与发展建议

本章节基于湖北省2012年至2015年58所普通本科高等学校实验室建设投入要素的面板数据,对要素投入与效益释放的关系进行了较为深入的研究。

第一,从整体来看,高校实验室各要素投入与实验室建设效益发展保持相同的稳定增长趋势。"十二五"期间实验室建设效益年均增长率达到8.66%,各要素投入对效益释放的支撑作用明显。

第二,实验室数量、设备数量、承担的教务任务与效益释放不显著相关;实验室面积、设备金额、实验人才队伍显著正向作用于效益释放,其中仪器设备要素的投入是支撑实验室效益释放的核心。

第三,目前单纯从"量"的层面加大实验室面积的投入,对效益释放的作用十分有限;现有实验人才队伍要素对实验室效益的推动效果偏弱;精密仪器要素目前尚没有发挥应有的正向激励作用。

基于以上的分析结论,进一步提出"十三五"期间湖北省提升高校实验室建设与发展效益的具体路径。

第一,转变要素投入方式,从"全面覆盖"转变为"精准加强"。高校实验室建设与发展,涉及方方面面的工作,十分复杂。在新的发展时期,高校应当将以往"大水漫灌"式的资源投入方式逐步转变为"精确滴灌"。重点加强实验室场地、仪器设备、实验人才队伍三个方面要素的投入。但这并不意味着无限制的提高"量"的水平,而是应当体现集约发展的思路,以"协作""整合""共享"为指导,发挥资源红利的外溢效应。

第二,转变要素投入思路,在"向增量要效益"的同时,同样注重"向存量效益"。通过"十二五"期间的发展,全省普通本科高等学校实验室资源存量已经较为充裕,无论是场地、资金、设备还是人员都得到了长足发展。但随着存量的提升,资源的边际效益也在逐渐下降,甚至阻碍了效益的释放。因此"十三五"期间各高校不应再一味追求各类资源"增量"的投入,而应该更加关注对于现有"存量"资源效益的挖掘。其中,尤其以挖掘精密仪器资源红利为工作重点,因此需结合《国务院关于国家重大科研基础设施和大型科研仪器向社会开放的意见》文件精神,积极推进大型仪器开放与共享工作,搭建区域内和区域间的共享机制。

第三,挖掘要素发展内生动力,从"外部输血"转变为"自我造血"。传统纯粹依靠外部投入拉动实验室发展的路线,已经逐渐不再适应现阶段高校的发展需求。必须深入挖掘现有要素"自我发展能力",其中尤其以实验室人才队伍的建设最为有效。因此,首先高校应当不断加强对实验技术人员专业素质的培训,形成梯度合理的队伍结构。其次建立完善的对实验室、仪器设备、人员队伍的绩效考核体系,以评促建。

附录一 我国普通高校实验室建设与发展状态评估

学校代码	学校名称	所在省市	地区	学校类型	状态	学校属性
10003	清华大学	北京	东部	理工院校	优秀	一流大学、一流学科
10335	浙江大学	浙江	东部	综合大学	优秀	一流大学、一流学科
10001	北京大学	北京	东部	综合大学	优秀	一流大学、一流学科
10246	复旦大学	上海	东部	综合大学	优秀	一流大学、一流学科
10486	武汉大学	湖北	中部	综合大学	优秀	一流大学、一流学科
10248	上海交通大学	上海	东部	综合大学	优秀	一流大学、一流学科
10284	南京大学	江苏	东部	综合大学	优秀	一流大学、一流学科
10183	吉林大学	吉林	中部	综合大学	优秀	一流大学、一流学科
10558	中山大学	广东	东部	综合大学	优秀	一流大学、一流学科
10358	中国科学技术大学	安徽	中部	理工院校	优秀	一流大学、一流学科
10610	四川大学	四川	西部	综合大学	优秀	一流大学、一流学科
10247	同济大学	上海	东部	理工院校	优秀	一流大学、一流学科
10026	北京中医药大学	北京	东部	医学院校	优秀	一流学科
10422	山东大学	山东	东部	综合大学	优秀	一流大学、一流学科
10533	中南大学	湖南	中部	综合大学	优秀	一流大学、一流学科
10561	华南理工大学	广东	东部	理工院校	优秀	一流大学、一流学科
10698	西安交通大学	陕西	西部	综合大学	优秀	一流大学、一流学科
10504	华中农业大学	湖北	中部	农林院校	优秀	一流学科
10006	北京航空航天大学	北京	东部	理工院校	优秀	一流大学、一流学科
10286	东南大学	江苏	东部	综合大学	优秀	一流大学、一流学科
10487	华中科技大学	湖北	中部	理工院校	优秀	一流大学、一流学科
10007	北京理工大学	北京	东部	理工院校	优秀	一流大学、一流学科
10497	武汉理工大学	湖北	中部	理工院校	优秀	一流学科
10285	苏州大学	江苏	东部	综合大学	优秀	一流学科

续表

学校代码	学校名称	所在省市	地区	学校类型	状态	学校属性
10213	哈尔滨工业大学	黑龙江	中部	理工院校	优秀	一流大学、一流学科
10141	大连理工大学	辽宁	东部	理工院校	优秀	一流大学、一流学科
10611	重庆大学	重庆	西部	综合大学	优秀	一流大学、一流学科
10005	北京工业大学	北京	东部	理工院校	优秀	一流学科
10295	江南大学	江苏	东部	综合大学	优秀	一流学科
10055	南开大学	天津	东部	综合大学	优秀	一流大学、一流学科
10635	西南大学	重庆	西部	综合大学	优秀	一流学科
10145	东北大学	辽宁	东部	理工院校	优秀	一流大学、一流学科
10008	北京科技大学	北京	东部	理工院校	优秀	一流学科
10593	广西大学	广西	西部	综合大学	优秀	一流学科
10532	湖南大学	湖南	中部	综合大学	优秀	一流大学、一流学科
10307	南京农业大学	江苏	东部	农林院校	优秀	一流学科
10459	郑州大学	河南	中部	综合大学	优秀	一流大学、一流学科
10559	暨南大学	广东	东部	综合大学	优秀	一流学科
10056	天津大学	天津	东部	理工院校	优秀	一流大学、一流学科
10269	华东师范大学	上海	东部	师范院校	优秀	一流大学、一流学科
10251	华东理工大学	上海	东部	理工院校	优秀	一流学科
10423	中国海洋大学	山东	东部	综合大学	优秀	一流大学、一流学科
10288	南京理工大学	江苏	东部	理工院校	优秀	一流学科
10384	厦门大学	福建	东部	综合大学	优秀	一流大学、一流学科
10280	上海大学	上海	东部	综合大学	优秀	一流学科
10027	北京师范大学	北京	东部	师范院校	优秀	一流大学、一流学科
10287	南京航空航天大学	江苏	东部	理工院校	优秀	一流学科
10359	合肥工业大学	安徽	中部	理工院校	优秀	一流学科
10699	西北工业大学	陕西	西部	理工院校	优秀	一流大学、一流学科
10004	北京交通大学	北京	东部	理工院校	优秀	一流学科
10386	福州大学	福建	东部	理工院校	优秀	一流学科

续表

学校代码	学校名称	所在省市	地区	学校类型	状态	学校属性
10126	内蒙古大学	内蒙古	西部	综合大学	优秀	一流学科
10319	南京师范大学	江苏	东部	师范院校	优秀	一流学科
10712	西北农林科技大学	陕西	西部	农林院校	优秀	一流大学、一流学科
10730	兰州大学	甘肃	西部	综合大学	优秀	一流大学、一流学科
10674	昆明理工大学	云南	西部	理工院校	优秀	
10590	深圳大学	广东	东部	综合大学	优秀	
11117	扬州大学	江苏	东部	综合大学	优秀	
10564	华南农业大学	广东	东部	农林院校	优秀	
10252	上海理工大学	上海	东部	理工院校	优秀	
10268	上海中医药大学	上海	东部	医学院校	优秀	一流学科
11066	烟台大学	山东	东部	综合大学	优秀	
10108	山西大学	山西	中部	综合大学	优秀	
10475	河南大学	河南	中部	综合大学	优秀	一流学科
10013	北京邮电大学	北京	东部	理工院校	优秀	一流学科
10403	南昌大学	江西	中部	综合大学	优秀	一流学科
10019	中国农业大学	北京	东部	农林院校	优秀	一流大学、一流学科
10657	贵州大学	贵州	西部	综合大学	优秀	一流学科
10086	河北农业大学	河北	东部	农林院校	优秀	
10574	华南师范大学	广东	东部	师范院校	优秀	一流学科
10337	浙江工业大学	浙江	东部	理工院校	优秀	
10217	哈尔滨工程大学	黑龙江	中部	理工院校	优秀	一流学科
10129	内蒙古农业大学	内蒙古	西部	农林院校	优秀	
10613	西南交通大学	四川	西部	理工院校	优秀	一流学科
10434	山东农业大学	山东	东部	农林院校	优秀	
10255	东华大学	上海	东部	理工院校	优秀	一流学科
10298	南京林业大学	江苏	东部	林业院校	优秀	一流学科
10022	北京林业大学	北京	东部	林业院校	优秀	一流学科

续表

学校代码	学校名称	所在省市	地区	学校类型	状态	学校属性
10491	中国地质大学(武汉)	湖北	中部	理工院校	优秀	一流学科
10299	江苏大学	江苏	东部	综合大学	优秀	
10537	湖南农业大学	湖南	中部	农林院校	良好	
10294	河海大学	江苏	东部	理工院校	良好	一流学科
10385	华侨大学	福建	东部	综合大学	良好	
10075	河北大学	河北	东部	综合大学	良好	
10631	重庆医科大学	重庆	西部	医学院校	良好	
10291	南京工业大学	江苏	东部	理工院校	良好	
10614	电子科技大学	四川	西部	理工院校	良好	一流大学、一流学科
10300	南京信息工程大学	江苏	东部	理工院校	良好	一流学科
10596	桂林理工大学	广西	西部	理工院校	良好	
10346	杭州师范大学	浙江	东部	师范院校	良好	
10429	青岛理工大学	山东	东部	理工院校	良好	
12121	南方医科大学	广东	东部	医学院校	良好	
10172	大连外国语学院	辽宁	东部	语文院校	良好	
10615	西南石油大学	四川	西部	理工院校	良好	一流学科
10626	四川农业大学	四川	西部	农林院校	良好	一流学科
10028	首都师范大学	北京	东部	师范院校	良好	一流学科
10338	浙江理工大学	浙江	东部	理工院校	良好	
10589	海南大学	海南	东部	综合大学	良好	一流学科
11065	青岛大学	山东	东部	综合大学	良好	
10158	大连海洋大学	辽宁	东部	农林院校	良好	
10312	南京医科大学	江苏	东部	医学院校	良好	
11845	广东工业大学	广东	东部	理工院校	良好	
10718	陕西师范大学	陕西	西部	师范院校	良好	一流学科
10570	广州医学院	广东	东部	医学院校	良好	
10425	中国石油大学(华东)	山东	东部	理工院校	良好	一流学科

续表

学校代码	学校名称	所在省市	地区	学校类型	状态	学校属性
10188	东北电力大学	吉林	中部	理工院校	良好	
10512	湖北大学	湖北	中部	综合大学	良好	
10345	浙江师范大学	浙江	东部	师范院校	良好	
10673	云南大学	云南	西部	综合大学	良好	一流大学、一流学科
10304	南通大学	江苏	东部	综合大学	良好	
10290	中国矿业大学	江苏	东部	理工院校	良好	一流学科
10489	长江大学	湖北	中部	综合大学	良好	
10536	长沙理工大学	湖南	中部	理工院校	良好	
10224	东北农业大学	黑龙江	中部	农林院校	良好	一流学科
10203	吉林师范大学	吉林	中部	师范院校	良好	
10364	安徽农业大学	安徽	中部	农林院校	良好	
10511	华中师范大学	湖北	中部	师范院校	良好	一流学科
10616	成都理工大学	四川	西部	理工院校	良好	一流学科
10530	湘潭大学	湖南	中部	综合大学	良好	
10701	西安电子科技大学	陕西	西部	理工院校	良好	一流学科
11417	北京联合大学	北京	东部	综合大学	良好	
11658	海南师范大学	海南	东部	师范院校	良好	
10216	燕山大学	河北	东部	理工院校	良好	
10357	安徽大学	安徽	中部	综合大学	良好	一流学科
10010	北京化工大学	北京	东部	理工院校	良好	一流学科
10151	大连海事大学	辽宁	东部	理工院校	良好	一流学科
10212	黑龙江大学	黑龙江	中部	综合大学	良好	
11075	三峡大学	湖北	中部	综合大学	良好	
11646	宁波大学	浙江	东部	综合大学	良好	一流学科
10370	安徽师范大学	安徽	中部	师范院校	良好	
10466	河南农业大学	河南	中部	农林院校	良好	
10094	河北师范大学	河北	东部	师范院校	良好	

续表

学校代码	学校名称	所在省市	地区	学校类型	状态	学校属性
10316	中国药科大学	江苏	东部	医学院校	良好	一流学科
10566	广东海洋大学	广东	东部	农林院校	良好	
10463	河南工业大学	河南	中部	理工院校	良好	
10389	福建农林大学	福建	东部	农林院校	良好	
11078	广州大学	广东	东部	综合大学	良好	
10057	天津科技大学	天津	东部	理工院校	良好	
10394	福建师范大学	福建	东部	师范院校	良好	
10200	东北师范大学	吉林	中部	师范院校	良好	一流学科
10220	东北石油大学	黑龙江	中部	理工院校	良好	
10351	温州大学	浙江	东部	综合大学	良好	
10062	天津医科大学	天津	东部	医学院校	良好	一流学科
10058	天津工业大学	天津	东部	理工院校	良好	一流学科
10186	长春理工大学	吉林	中部	理工院校	良好	
10710	长安大学	陕西	西部	理工院校	良好	一流学科
10524	中南民族大学	湖北	中部	民族院校	良好	
10856	上海工程技术大学	上海	东部	理工院校	良好	
10476	河南师范大学	河南	中部	师范院校	良好	
11415	中国地质大学(北京)	北京	东部	理工院校	良好	一流学科
10025	首都医科大学	北京	东部	医学院校	良好	
10320	江苏师范大学	江苏	东部	师范院校	良好	
10424	山东科技大学	山东	东部	理工院校	良好	
10011	北京工商大学	北京	东部	财经院校	良好	
10638	西华师范大学	四川	西部	师范院校	良好	
11414	中国石油大学	北京	东部	理工院校	良好	一流学科
10410	江西农业大学	江西	中部	农林院校	良好	
10542	湖南师范大学	湖南	中部	师范院校	良好	一流学科
10193	吉林农业大学	吉林	中部	农林院校	良好	

续表

学校代码	学校名称	所在省市	地区	学校类型	状态	学校属性
10619	西南科技大学	四川	西部	理工院校	良好	
10755	新疆大学	新疆	西部	综合大学	良好	一流大学、一流学科
10464	河南科技大学	河南	中部	理工院校	良好	
10598	广西医科大学	广西	西部	医学院校	良好	
10700	西安理工大学	陕西	西部	理工院校	良好	
10759	石河子大学	新疆	西部	综合大学	良好	一流学科
10488	武汉科技大学	湖北	中部	综合大学	良好	
11072	江汉大学	湖北	中部	综合大学	良好	
10414	江西师范大学	江西	中部	师范院校	良好	
10460	河南理工大学	河南	中部	理工院校	良好	
10435	青岛农业大学	山东	东部	农林院校	良好	
10343	温州医学院	浙江	东部	医学院校	良好	
12050	上海商学院	上海	东部	财经院校	良好	
10447	聊城大学	山东	东部	综合大学	良好	
10353	浙江工商大学	浙江	东部	财经院校	良好	
10081	河北联合大学	河北	东部	理工院校	良好	
10602	广西师范大学	广西	西部	师范院校	良好	
10433	山东理工大学	山东	东部	理工院校	良好	
10427	济南大学	山东	东部	综合大学	良好	
10344	浙江中医药大学	浙江	东部	医学院校	良好	
10749	宁夏大学	宁夏	西部	综合大学	良好	一流学科
10426	青岛科技大学	山东	东部	理工院校	良好	
10697	西北大学	陕西	西部	综合大学	良好	一流学科
10080	河北工业大学	河北	东部	理工院校	良好	一流学科
12044	上海第二工业大学	上海	东部	理工院校	良好	
10254	上海海事大学	上海	东部	理工院校	良好	
10572	广州中医药大学	广东	东部	医学院校	良好	一流学科

续表

学校代码	学校名称	所在省市	地区	学校类型	状态	学校属性
10360	安徽工业大学	安徽	中部	理工院校	良好	
10445	山东师范大学	山东	东部	师范院校	良好	
10112	太原理工大学	山西	中部	理工院校	良好	一流学科
10054	华北电力大学	北京	东部	理工院校	良好	一流学科
10089	河北医科大学	河北	东部	医学院校	良好	
10336	杭州电子科技大学	浙江	东部	理工院校	良好	
10264	上海海洋大学	上海	东部	农林院校	良好	一流学科
10341	浙江农林大学	浙江	东部	林业院校	良好	
10534	湖南科技大学	湖南	中部	综合大学	良好	
10560	汕头大学	广东	东部	综合大学	良好	
10289	江苏科技大学	江苏	东部	理工院校	良好	
14275	浙江外国语学院	浙江	东部	师范院校	良好	
10366	安徽医科大学	安徽	中部	医学院校	良好	
11232	北京信息科技大学	北京	东部	理工院校	良好	
10270	上海师范大学	上海	东部	师范院校	良好	
10118	山西师范大学	山西	中部	师范院校	良好	
10114	山西医科大学	山西	中部	医学院校	良好	
10636	四川师范大学	四川	西部	师范院校	良好	
10405	东华理工大学	江西	中部	理工院校	良好	
10110	中北大学	山西	中部	理工院校	良好	
10065	天津师范大学	天津	东部	师范院校	良好	
10226	哈尔滨医科大学	黑龙江	中部	医学院校	良好	
10600	广西中医药大学	广西	西部	医学院校	良好	
10407	江西理工大学	江西	中部	理工院校	良好	
10293	南京邮电大学	江苏	东部	理工院校	良好	一流学科
10315	南京中医药大学	江苏	东部	医学院校	良好	一流学科
10390	集美大学	福建	东部	综合大学	良好	

续表

学校代码	学校名称	所在省市	地区	学校类型	状态	学校属性
10292	常州大学	江苏	东部	理工院校	良好	
10225	东北林业大学	黑龙江	中部	林业院校	良好	一流学科
10256	上海电力学院	上海	东部	理工院校	良好	
10059	中国民航大学	天津	东部	理工院校	良好	
10016	北京建筑大学	北京	东部	理工院校	良好	
10009	北方工业大学	北京	东部	理工院校	良好	
10490	武汉工程大学	湖北	中部	理工院校	良好	
10678	昆明医科大学	云南	西部	医学院校	良好	
10595	桂林电子科技大学	广西	西部	理工院校	良好	
10113	山西农业大学	山西	中部	农林院校	良好	
10060	天津理工大学	天津	东部	理工院校	良好	
10082	河北科技大学	河北	东部	理工院校	良好	
10135	内蒙古师范大学	内蒙古	西部	师范院校	良好	
10214	哈尔滨理工大学	黑龙江	中部	理工院校	良好	
10703	西安建筑科技大学	陕西	西部	理工院校	良好	
10555	南华大学	湖南	中部	综合大学	良好	
10393	福建中医药大学	福建	东部	医学院校	良好	
10500	湖北工业大学	湖北	中部	理工院校	良好	
10451	鲁东大学	山东	东部	综合大学	良好	
10190	长春工业大学	吉林	中部	理工院校	良好	
10708	陕西科技大学	陕西	西部	理工院校	良好	
10743	青海大学	青海	西部	综合大学	良好	一流学科
10313	徐州医学院	江苏	东部	医学院校	良好	
10052	中央民族大学	北京	东部	民族院校	良好	一流大学、一流学科
10733	甘肃农业大学	甘肃	西部	农林院校	良好	
10127	内蒙古科技大学	内蒙古	西部	综合大学	良好	
10132	内蒙古医科大学	内蒙古	西部	医学院校	良好	

续表

学校代码	学校名称	所在省市	地区	学校类型	状态	学校属性
11258	大连大学	辽宁	东部	综合大学	良好	
10361	安徽理工大学	安徽	中部	理工院校	良好	
10404	华东交通大学	江西	中部	理工院校	良好	
11799	重庆工商大学	重庆	西部	财经院校	良好	
10676	云南农业大学	云南	西部	农林院校	良好	
10406	南昌航空大学	江西	中部	理工院校	良好	
10446	曲阜师范大学	山东	东部	师范院校	良好	
10159	中国医科大学	辽宁	东部	医学院校	良好	
10571	广东医学院	广东	东部	医学院校	良好	
10732	兰州交通大学	甘肃	西部	理工院校	良好	
10623	西华大学	四川	西部	综合大学	良好	
10742	西北民族大学	甘肃	西部	民族院校	良好	
10736	西北师范大学	甘肃	西部	师范院校	良好	
10136	内蒙古民族大学	内蒙古	西部	综合大学	良好	
10452	临沂大学	山东	东部	师范院校	良好	
10677	西南林业大学	云南	西部	综合大学	良好	
10656	西南民族大学	四川	西部	民族院校	良好	
10157	沈阳农业大学	辽宁	东部	农林院校	良好	
10165	辽宁师范大学	辽宁	东部	师范院校	良好	
11664	西安邮电大学	陕西	西部	理工院校	良好	
10618	重庆交通大学	重庆	西部	理工院校	良好	
10419	井冈山大学	江西	中部	综合大学	良好	
10142	沈阳工业大学	辽宁	东部	理工院校	良好	
10222	佳木斯大学	黑龙江	中部	综合大学	良好	
10201	北华大学	吉林	中部	综合大学	良好	
10531	吉首大学	湖南	中部	综合大学	良好	
10709	西安工程大学	陕西	西部	理工院校	良好	

续表

学校代码	学校名称	所在省市	地区	学校类型	状态	学校属性
10002	中国人民大学	北京	东部	综合大学	良好	一流大学、一流学科
10760	新疆医科大学	新疆	西部	医学院校	良好	
10538	中南林业科技大学	湖南	中部	林业院校	良好	
10063	天津中医药大学	天津	东部	医学院校	良好	一流学科
11413	中国矿业大学(北京)	北京	东部	理工院校	良好	一流学科
10107	石家庄铁道大学	河北	东部	理工院校	良好	
10152	大连工业大学	辽宁	东部	理工院校	良好	
11810	海南医学院	海南	东部	医学院校	合格	
10578	韩山师范学院	广东	东部	师范院校	合格	
12795	南昌理工学院	江西	中部	理工院校	合格	
11840	西安医学院	陕西	西部	医学院校	合格	
10579	湛江师范学院	广东	东部	师范院校	合格	
10376	皖西学院	安徽	中部	师范院校	合格	
10462	郑州轻工业学院	河南	中部	理工院校	合格	
10573	广东药学院	广东	东部	医学院校	合格	
13573	金陵科技学院	江苏	东部	理工院校	合格	
10259	上海应用技术学院	上海	东部	理工院校	合格	
10478	周口师范学院	河南	中部	师范院校	合格	
10918	黄淮学院	河南	中部	师范院校	合格	
11276	南京工程学院	江苏	东部	理工院校	合格	
10356	中国计量学院	浙江	东部	理工院校	合格	
10622	四川理工学院	四川	西部	理工院校	合格	
10483	商丘师范学院	河南	中部	师范院校	合格	
10471	河南中医学院	河南	中部	医学院校	合格	
10798	河北科技师范学院	河北	东部	师范院校	合格	
11551	重庆科技学院	重庆	西部	理工院校	合格	
10388	福建工程学院	福建	东部	理工院校	合格	

续表

学校代码	学校名称	所在省市	地区	学校类型	状态	学校属性
11057	浙江科技学院	浙江	东部	理工院校	合格	
10720	陕西理工学院	陕西	西部	理工院校	合格	
10412	江西中医学院	江西	中部	医学院校	合格	
10465	中原工学院	河南	中部	理工院校	合格	
10467	河南科技学院	河南	中部	师范院校	合格	
10655	四川美术学院	重庆	西部	艺术院校	合格	
11049	淮阴工学院	江苏	东部	理工院校	合格	
10418	赣南师范学院	江西	中部	师范院校	合格	
10020	北京农学院	北京	东部	农林院校	合格	
10919	平顶山学院	河南	中部	师范院校	合格	
12026	大连民族学院	辽宁	东部	民族院校	合格	
10624	中国民用航空飞行学院	四川	西部	理工院校	合格	
10517	湖北民族学院	湖北	中部	民族院校	合格	
10472	新乡医学院	河南	中部	医学院校	合格	
10580	肇庆学院	广东	东部	综合大学	合格	
11843	九江学院	江西	中部	综合大学	合格	
10333	常熟理工学院	江苏	东部	理工院校	合格	
10219	黑龙江科技学院	黑龙江	中部	理工院校	合格	
10324	盐城师范学院	江苏	东部	师范院校	合格	
10439	泰山医学院	山东	东部	医学院校	合格	
10594	广西工学院	广西	西部	理工院校	合格	
10368	皖南医学院	安徽	中部	医学院校	合格	
12713	西安外事学院	陕西	西部	综合大学	合格	
10481	南阳师范学院	河南	中部	师范院校	合格	
10184	延边大学	吉林	中部	综合大学	合格	一流学科
10637	重庆师范大学	重庆	西部	师范院校	合格	
10332	苏州科技学院	江苏	东部	理工院校	合格	

续表

学校代码	学校名称	所在省市	地区	学校类型	状态	学校属性
11062	厦门理工学院	福建	东部	理工院校	合格	
10017	北京石油化工学院	北京	东部	理工院校	合格	
10632	泸州医学院	四川	西部	医学院校	合格	
10496	武汉工业学院	湖北	中部	理工院校	合格	
10642	重庆文理学院	重庆	西部	综合大学	合格	
10392	福建医科大学	福建	东部	医学院校	合格	
10076	河北工程大学	河北	东部	理工院校	合格	
10681	云南师范大学	云南	西部	师范院校	合格	
10340	浙江海洋学院	浙江	东部	农林院校	合格	
10161	大连医科大学	辽宁	东部	医学院校	合格	
11460	南京晓庄学院	江苏	东部	师范院校	合格	
10232	齐齐哈尔大学	黑龙江	中部	综合大学	合格	
10482	洛阳师范学院	河南	中部	师范院校	合格	
10438	潍坊医学院	山东	东部	医学院校	合格	
10128	内蒙古工业大学	内蒙古	西部	理工院校	合格	
10694	西藏大学	西藏	西部	综合大学	合格	一流学科
10069	天津商业大学	天津	东部	财经院校	合格	
10823	长沙医学院	湖南	中部	医学院校	合格	
10495	武汉纺织大学	湖北	中部	理工院校	合格	
11629	北华航天工业学院	河北	东部	理工院校	合格	
10163	沈阳药科大学	辽宁	东部	医学院校	合格	
10066	天津职业技术师范大学	天津	东部	师范院校	合格	
10305	盐城工学院	江苏	东部	理工院校	合格	
10092	河北北方学院	河北	东部	医学院校	合格	
11498	莆田学院	福建	东部	综合大学	合格	
10417	宜春学院	江西	中部	综合大学	合格	
10323	淮阴师范学院	江苏	东部	师范院校	合格	

续表

学校代码	学校名称	所在省市	地区	学校类型	状态	学校属性
10350	台州学院	浙江	东部	综合大学	合格	
11600	湖北经济学院	湖北	中部	财经院校	合格	
10608	广西民族大学	广西	西部	民族院校	合格	
11660	重庆理工大学	重庆	西部	理工院校	合格	
10702	西安工业大学	陕西	西部	理工院校	合格	
10633	成都中医药大学	四川	西部	医学院校	合格	一流学科
11517	河南工程学院	河南	中部	理工院校	合格	
11407	北方民族大学	宁夏	西部	民族院校	合格	
10143	沈阳航空航天大学	辽宁	东部	理工院校	合格	
10430	山东建筑大学	山东	东部	理工院校	合格	
10367	蚌埠医学院	安徽	中部	医学院校	合格	
10148	辽宁石油化工大学	辽宁	东部	理工院校	合格	
10349	绍兴文理学院	浙江	东部	师范院校	合格	
11998	徐州工程学院	江苏	东部	理工院校	合格	
11393	昆明学院	云南	西部	师范院校	合格	
10528	孝感学院	湖北	中部	综合大学	合格	
10167	渤海大学	辽宁	东部	综合大学	合格	
10078	华北水利水电学院	河南	中部	理工院校	合格	
11641	淮海工学院	江苏	东部	理工院校	合格	
11765	平顶山工学院	河南	中部	理工院校	合格	
11070	洛阳理工学院	河南	中部	理工院校	合格	
10752	宁夏医科大学	宁夏	西部	医学院校	合格	
10731	兰州理工大学	甘肃	西部	理工院校	合格	
10477	信阳师范学院	河南	中部	师范院校	合格	
10519	襄樊学院	湖北	中部	综合大学	合格	
10015	北京印刷学院	北京	东部	理工院校	合格	
10383	铜陵学院	安徽	中部	财经院校	合格	

续表

学校代码	学校名称	所在省市	地区	学校类型	状态	学校属性
11647	浙江传媒学院	浙江	东部	语文院校	合格	
10876	浙江万里学院	浙江	东部	理工院校	合格	
11079	成都学院	四川	西部	综合大学	合格	
11834	黄河科技学院	河南	中部	理工院校	合格	
10543	湖南理工学院	湖南	中部	理工院校	合格	
10927	咸宁学院	湖北	中部	综合大学	合格	
10719	延安大学	陕西	西部	综合大学	合格	
10647	长江师范学院	重庆	西部	师范院校	合格	
11349	五邑大学	广东	东部	综合大学	合格	
10408	景德镇陶瓷学院	江西	中部	理工院校	合格	
11482	浙江财经学院	浙江	东部	财经院校	合格	
11653	南阳理工学院	河南	中部	理工院校	合格	
11548	广西财经学院	广西	西部	财经院校	合格	
10846	江西蓝天学院	江西	中部	综合大学	合格	
10601	桂林医学院	广西	西部	医学院校	合格	
10229	牡丹江医学院	黑龙江	中部	医学院校	合格	
14325	南方科技大学	广东	东部	综合大学	合格	
11437	长春工程学院	吉林	中部	理工院校	合格	
10621	成都信息工程学院	四川	西部	理工院校	合格	
10704	西安科技大学	陕西	西部	理工院校	合格	
10354	嘉兴学院	浙江	东部	综合大学	合格	
10377	滁州学院	安徽	中部	师范院校	合格	
10205	长春师范学院	吉林	中部	师范院校	合格	
10525	湖北汽车工业学院	湖北	中部	理工院校	合格	
10223	黑龙江八一农垦大学	黑龙江	中部	农林院校	合格	
11847	佛山科学技术学院	广东	东部	综合大学	合格	
10125	山西财经大学	山西	中部	财经院校	合格	

续表

学校代码	学校名称	所在省市	地区	学校类型	状态	学校属性
10617	重庆邮电大学	重庆	西部	理工院校	合格	
10679	大理学院	云南	西部	综合大学	合格	
10147	辽宁工程技术大学	辽宁	东部	理工院校	合格	
10455	菏泽学院	山东	东部	综合大学	合格	
10327	南京财经大学	江苏	东部	财经院校	合格	
10369	安徽中医学院	安徽	中部	医学院校	合格	
11059	合肥学院	安徽	中部	理工院校	合格	
10650	四川外语学院	重庆	西部	语文院校	合格	
11312	龙岩学院	福建	东部	师范院校	合格	
10140	辽宁大学	辽宁	东部	综合大学	合格	一流学科
10061	天津农学院	天津	东部	农林院校	合格	
10576	韶关学院	广东	东部	综合大学	合格	
10879	安徽科技学院	安徽	中部	师范院校	合格	
10228	黑龙江中医药大学	黑龙江	中部	医学院校	合格	
11832	河北经贸大学	河北	东部	财经院校	合格	
10431	山东轻工业学院	山东	东部	理工院校	合格	
10443	济宁医学院	山东	东部	医学院校	合格	
10920	黄石理工学院	湖北	中部	理工院校	合格	
10448	德州学院	山东	东部	综合大学	合格	
11055	常州工学院	江苏	东部	理工院校	合格	
10792	天津城市建设学院	天津	东部	理工院校	合格	
10878	安徽建筑工业学院	安徽	中部	理工院校	合格	
10352	丽水学院	浙江	东部	师范院校	合格	
11802	黑龙江工程学院	黑龙江	中部	理工院校	合格	
10138	赤峰学院	内蒙古	西部	综合大学	合格	
11058	宁波工程学院	浙江	东部	理工院校	合格	
11319	南昌工程学院	江西	中部	理工院校	合格	

续表

学校代码	学校名称	所在省市	地区	学校类型	状态	学校属性
11347	仲恺农业工程学院	广东	东部	农林院校	合格	
11535	湖南工业大学	湖南	中部	理工院校	合格	
10929	湖北医药学院	湖北	中部	医学院校	合格	
12453	中国劳动关系学院	北京	东部	政法院校	合格	
10043	北京体育大学	北京	东部	体育院校	合格	一流学科
10757	塔里木大学	新疆	西部	农林院校	合格	
10721	宝鸡文理学院	陕西	西部	师范院校	合格	
10649	乐山师范学院	四川	西部	师范院校	合格	
10033	中国传媒大学	北京	东部	语文院校	合格	一流学科
10421	江西财经大学	江西	中部	财经院校	合格	
11688	山东工商学院	山东	东部	财经院校	合格	
10395	闽江学院	福建	东部	理工院校	合格	
10144	沈阳理工大学	辽宁	东部	理工院校	合格	
10588	广东技术师范学院	广东	东部	师范院校	合格	
11071	新乡学院	河南	中部	师范院校	合格	
10520	中南财经政法大学	湖北	中部	财经院校	合格	一流学科
10577	惠州学院	广东	东部	综合大学	合格	
10373	淮北师范大学	安徽	中部	师范院校	合格	
13123	陕西国际商贸学院	陕西	西部	财经院校	合格	
10440	滨州医学院	山东	东部	医学院校	合格	
10050	北京电影学院	北京	东部	艺术院校	合格	
10240	哈尔滨商业大学	黑龙江	中部	财经院校	合格	
10347	湖州师范学院	浙江	东部	师范院校	合格	
10663	贵州师范大学	贵州	西部	师范院校	合格	
10634	川北医学院	四川	西部	医学院校	合格	
11035	沈阳大学	辽宁	东部	综合大学	合格	
10660	贵阳医学院	贵州	西部	医学院校	合格	

续表

学校代码	学校名称	所在省市	地区	学校类型	状态	学校属性
11342	湖南工程学院	湖南	中部	理工院校	合格	
10375	黄山学院	安徽	中部	综合大学	合格	
10546	衡阳师范学院	湖南	中部	师范院校	合格	
10762	新疆师范大学	新疆	西部	师范院校	合格	
10513	湖北师范学院	湖北	中部	师范院校	合格	
11067	潍坊学院	山东	东部	综合大学	合格	
10146	辽宁科技大学	辽宁	东部	理工院校	合格	
11360	攀枝花学院	四川	西部	综合大学	合格	
10695	西藏民族学院	西藏	西部	民族院校	合格	
10479	安阳师范学院	河南	中部	师范院校	合格	
10166	沈阳师范大学	辽宁	东部	师范院校	合格	
10150	大连交通大学	辽宁	东部	理工院校	合格	
10363	安徽工程大学	安徽	中部	理工院校	合格	
11819	东莞理工学院	广东	东部	理工院校	合格	
10652	西南政法大学	重庆	西部	政法院校	合格	
10514	黄冈师范学院	湖北	中部	师范院校	合格	
10123	运城学院	山西	中部	综合大学	合格	
11846	广东外语外贸大学	广东	东部	语文院校	合格	
11510	山东交通学院	山东	东部	理工院校	合格	
10628	西昌学院	四川	西部	综合大学	合格	
11842	浙江树人学院	浙江	东部	理工院校	合格	
10379	宿州学院	安徽	中部	师范院校	合格	
10507	湖北中医药大学	湖北	中部	医学院校	合格	
10661	遵义医学院	贵州	西部	医学院校	合格	
10154	辽宁工业大学	辽宁	东部	理工院校	合格	
11656	广东石油化工学院	广东	东部	综合大学	合格	
11779	辽东学院	辽宁	东部	财经院校	合格	

续表

学校代码	学校名称	所在省市	地区	学校类型	状态	学校属性
10689	云南财经大学	云南	西部	财经院校	合格	
10640	内江师范学院	四川	西部	师范院校	合格	
10160	辽宁医学院	辽宁	东部	医学院校	合格	
10120	山西大同大学	山西	中部	综合大学	合格	
10541	湖南中医药大学	湖南	中部	医学院校	合格	
12843	潍坊科技学院	山东	东部	理工院校	合格	
10413	赣南医学院	江西	中部	医学院校	合格	
10582	嘉应学院	广东	东部	综合大学	合格	
10153	沈阳建筑大学	辽宁	东部	理工院校	合格	
10399	泉州师范学院	福建	东部	师范院校	合格	
11318	江西科技师范大学	江西	中部	师范院校	合格	
10868	青岛滨海学院	山东	东部	综合大学	合格	
10606	玉林师范学院	广西	西部	师范院校	合格	
10758	新疆农业大学	新疆	西部	农林院校	合格	
10904	枣庄学院	山东	东部	综合大学	合格	
13744	黑河学院	黑龙江	中部	综合大学	合格	
10199	长春中医药大学	吉林	中部	医学院校	合格	
10101	衡水学院	河北	东部	师范院校	合格	
10705	西安石油大学	陕西	西部	理工院校	合格	
10371	阜阳师范学院	安徽	中部	师范院校	合格	
10723	渭南师范学院	陕西	西部	师范院校	合格	
10691	云南民族大学	云南	西部	民族院校	合格	
11330	安阳工学院	河南	中部	理工院校	合格	
13706	吉林医药学院	吉林	中部	医学院校	合格	
10603	广西师范学院	广西	西部	师范院校	合格	
10109	太原科技大学	山西	中部	理工院校	合格	
10149	沈阳化工大学	辽宁	东部	理工院校	合格	

续表

学校代码	学校名称	所在省市	地区	学校类型	状态	学校属性
12715	西京学院	陕西	西部	理工院校	合格	
10038	首都经济贸易大学	北京	东部	财经院校	合格	
10523	湖北美术学院	湖北	中部	艺术院校	合格	
11463	江苏技术师范学院	江苏	东部	师范院校	合格	
11395	榆林学院	陕西	西部	师范院校	合格	
12362	武汉生物工程学院	湖北	中部	理工院校	合格	
10684	曲靖师范学院	云南	西部	师范院校	合格	
10480	许昌学院	河南	中部	师范院校	合格	
11527	湖南城市学院	湖南	中部	综合大学	合格	
10549	湖南文理学院	湖南	中部	综合大学	合格	
12710	闽南理工学院	福建	东部	理工院校	合格	
11726	长春大学	吉林	中部	综合大学	合格	
10070	天津财经大学	天津	东部	财经院校	合格	
11838	贺州学院	广西	西部	综合大学	合格	
12747	郑州华信学院	河南	中部	理工院校	合格	
10124	忻州师范学院	山西	中部	师范院校	合格	
11080	西安文理学院	陕西	西部	综合大学	合格	
10449	滨州学院	山东	东部	综合大学	合格	
11391	楚雄师范学院	云南	西部	师范院校	合格	
11528	湖南工学院	湖南	中部	理工院校	合格	
13762	福州外语外贸学院	福建	东部	语文院校	合格	
10551	湖南科技学院	湖南	中部	综合大学	合格	
10402	漳州师范学院	福建	东部	师范院校	合格	
10716	陕西中医学院	陕西	西部	医学院校	合格	
10548	怀化学院	湖南	中部	综合大学	合格	
10680	云南中医学院	云南	西部	医学院校	合格	
12714	西安翻译学院	陕西	西部	综合大学	合格	

续表

学校代码	学校名称	所在省市	地区	学校类型	状态	学校属性
11396	商洛学院	陕西	西部	师范院校	合格	
10456	山东财经大学	山东	东部	财经院校	合格	
11458	上海电机学院	上海	东部	理工院校	合格	
10643	重庆三峡学院	重庆	西部	综合大学	合格	
12746	郑州科技学院	河南	中部	理工院校	合格	
10662	贵阳中医学院	贵州	西部	医学院校	合格	
11311	三明学院	福建	东部	综合大学	合格	
13705	成都医学院	四川	西部	医学院校	合格	
10041	中国人民公安大学	北京	东部	政法院校	合格	一流学科
11077	长沙学院	湖南	中部	理工院校	合格	
10381	淮南师范学院	安徽	中部	师范院校	合格	
10077	石家庄经济学院	河北	东部	财经院校	合格	
10175	中国刑事警察学院	辽宁	东部	政法院校	合格	
10740	河西学院	甘肃	西部	综合大学	合格	
14223	贵州师范学院	贵州	西部	师范院校	合格	
11104	华北科技学院	河北	东部	理工院校	合格	
12303	湖南涉外经济学院	湖南	中部	综合大学	合格	
10099	唐山师范学院	河北	东部	师范院校	合格	
12949	郑州师范学院	河南	中部	师范院校	合格	
10355	中国美术学院	浙江	东部	艺术院校	合格	一流学科
10641	宜宾学院	四川	西部	综合大学	合格	
10372	安庆师范学院	安徽	中部	师范院校	合格	
10397	武夷学院	福建	东部	师范院校	合格	
10547	邵阳学院	湖南	中部	综合大学	合格	
10553	湖南人文科技学院	湖南	中部	综合大学	合格	
10192	吉林化工学院	吉林	中部	理工院校	合格	
10164	沈阳医学院	辽宁	东部	医学院校	合格	

续表

学校代码	学校名称	所在省市	地区	学校类型	状态	学校属性
11418	北京城市学院	北京	东部	综合大学	合格	
10609	百色学院	广西	西部	师范院校	合格	
10271	上海外国语大学	上海	东部	语文院校	合格	一流学科
10687	红河学院	云南	西部	综合大学	合格	
11631	河套学院	内蒙古	西部	理工院校	合格	
11100	琼州学院	海南	东部	师范院校	合格	
10592	广东商学院	广东	东部	财经院校	合格	
13001	宁波大红鹰学院	浙江	东部	理工院校	合格	
10672	贵州民族学院	贵州	西部	民族院校	合格	
10233	牡丹江师范学院	黑龙江	中部	师范院校	合格	
10607	广西艺术学院	广西	西部	艺术院校	合格	
10102	石家庄学院	河北	东部	综合大学	合格	
10639	绵阳师范学院	四川	西部	师范院校	合格	
11775	防灾科技学院	河北	东部	理工院校	合格	
10485	郑州航空工业管理学院	河南	中部	财经院校	合格	
14098	合肥师范学院	安徽	中部	师范院校	合格	
10012	北京服装学院	北京	东部	理工院校	合格	
10204	吉林工程技术师范学院	吉林	中部	师范院校	合格	
10812	吕梁学院	山西	中部	师范院校	合格	
10378	安徽财经大学	安徽	中部	财经院校	合格	
10029	首都体育学院	北京	东部	体育院校	合格	
10100	廊坊师范学院	河北	东部	师范院校	合格	
11122	三江学院	江苏	东部	综合大学	合格	
12332	烟台南山学院	山东	东部	理工院校	合格	
10235	大庆师范学院	黑龙江	中部	师范院校	合格	
10763	喀什师范学院	新疆	西部	师范院校	合格	

续表

学校代码	学校名称	所在省市	地区	学校类型	状态	学校属性
10809	山西中医学院	山西	中部	医学院校	合格	
10023	北京协和医学院	北京	东部	医学院校	合格	一流学科
10545	湘南学院	湖南	中部	综合大学	合格	
14101	太原工业学院	山西	中部	理工院校	合格	
11261	吉林工商学院	吉林	中部	财经院校	合格	
11607	钦州学院	广西	西部	师范院校	合格	
14099	湖北第二师范学院	湖北	中部	师范院校	合格	
10162	辽宁中医药大学	辽宁	东部	医学院校	合格	
10121	晋中学院	山西	中部	师范院校	合格	
11230	齐齐哈尔医学院	黑龙江	中部	医学院校	合格	
10276	华东政法大学	上海	东部	政法院校	合格	
10191	吉林建筑工程学院	吉林	中部	理工院校	合格	
10651	西南财经大学	四川	西部	财经院校	合格	一流学科
13719	广东科技学院	广东	东部	理工院校	合格	
10671	贵州财经学院	贵州	西部	财经院校	合格	
11430	辽宁科技学院	辽宁	东部	理工院校	合格	
10173	东北财经大学	辽宁	东部	财经院校	合格	
10822	广东白云学院	广东	东部	理工院校	合格	
11524	武汉音乐学院	湖北	中部	艺术院校	合格	
11632	沈阳工程学院	辽宁	东部	理工院校	合格	
10599	右江民族医学院	广西	西部	医学院校	合格	
10825	山东万杰医学院	山东	东部	医学院校	合格	
10453	泰山学院	山东	东部	综合大学	合格	
10748	青海民族大学	青海	西部	民族院校	合格	
10119	太原师范学院	山西	中部	师范院校	合格	
10053	中国政法大学	北京	东部	政法院校	合格	一流学科
11400	西安培华学院	陕西	西部	综合大学	合格	

续表

学校代码	学校名称	所在省市	地区	学校类型	状态	学校属性
10234	哈尔滨学院	黑龙江	中部	综合大学	合格	
11488	衢州学院	浙江	东部	综合大学	合格	
10454	济宁学院	山东	东部	师范院校	合格	
13006	山东英才学院	山东	东部	综合大学	合格	
11033	唐山学院	河北	东部	理工院校	合格	
12799	上海建桥学院	上海	东部	理工院校	合格	
10117	长治医学院	山西	中部	医学院校	合格	
14277	山东青年政治学院	山东	东部	政法院校	合格	
10722	咸阳师范学院	陕西	西部	师范院校	合格	
10380	巢湖学院	安徽	中部	师范院校	合格	
16403	西交利物浦大学	江苏	东部	综合大学	合格	
12034	湖南第一师范学院	湖南	中部	师范院校	合格	
10231	哈尔滨师范大学	黑龙江	中部	师范院校	合格	
10738	陇东学院	甘肃	西部	综合大学	合格	
10746	青海师范大学	青海	西部	师范院校	合格	
11390	玉溪师范学院	云南	西部	师范院校	合格	
11446	黑龙江东方学院	黑龙江	中部	综合大学	合格	
11287	南京审计学院	江苏	东部	财经院校	合格	
10139	内蒙古财经大学	内蒙古	西部	财经院校	合格	
10739	天水师范学院	甘肃	西部	师范院校	合格	
10416	上饶师范学院	江西	中部	师范院校	合格	
11439	吉林农业科技学院	吉林	中部	农林院校	合格	
10737	兰州城市学院	甘肃	西部	综合大学	合格	
10959	安徽三联学院	安徽	中部	理工院校	合格	
11306	池州学院	安徽	中部	师范院校	合格	
12792	浙江越秀外国语学院	浙江	东部	语文院校	合格	
10103	邯郸学院	河北	东部	师范院校	合格	

续表

学校代码	学校名称	所在省市	地区	学校类型	状态	学校属性
10605	河池学院	广西	西部	综合大学	合格	
10522	武汉体育学院	湖北	中部	体育院校	合格	
10202	通化师范学院	吉林	中部	师范院校	合格	
10977	六盘水师范学院	贵州	西部	师范院校	合格	
11784	仰恩大学	福建	东部	综合大学	合格	
10272	上海财经大学	上海	东部	财经院校	合格	一流学科
10727	西安体育学院	陕西	西部	体育院校	合格	
11105	中国人民武装警察部队学院	河北	东部	政法院校	合格	
10764	伊犁师范学院	新疆	西部	师范院校	合格	
12216	安徽新华学院	安徽	中部	理工院校	合格	
10554	湖南商学院	湖南	中部	财经院校	合格	
10122	长治学院	山西	中部	师范院校	合格	
10034	中央财经大学	北京	东部	财经院校	合格	一流学科
12213	南京森林警察学院	江苏	东部	政法院校	合格	
11305	蚌埠学院	安徽	中部	理工院校	合格	
10670	黔南民族师范学院	贵州	西部	师范院校	合格	
10331	南京艺术学院	江苏	东部	艺术院校	合格	
10819	呼伦贝尔学院	内蒙古	西部	综合大学	合格	
12212	四川警察学院	四川	西部	政法院校	合格	
10096	保定学院	河北	东部	师范院校	合格	
11336	荆楚理工学院	湖北	中部	理工院校	合格	
10084	河北建筑工程学院	河北	东部	理工院校	合格	
11560	西安财经学院	陕西	西部	财经院校	合格	
10668	毕节学院	贵州	西部	综合大学	合格	
10178	鲁迅美术学院	辽宁	东部	艺术院校	合格	
10484	河南财经政法大学	河南	中部	财经院校	合格	
11397	安康学院	陕西	西部	师范院校	合格	

续表

学校代码	学校名称	所在省市	地区	学校类型	状态	学校属性
14278	广东第二师范学院	广东	东部	师范院校	合格	
10441	山东中医药大学	山东	东部	医学院校	合格	
10037	北京物资学院	北京	东部	财经院校	合格	
10236	绥化学院	黑龙江	中部	综合大学	合格	
11427	集宁师范学院	内蒙古	西部	师范院校	合格	
10104	邢台学院	河北	东部	师范院校	合格	
13207	大连科技学院	辽宁	东部	理工院校	合格	
14276	齐鲁师范学院	山东	东部	师范院校	合格	
13121	西安思源学院	陕西	西部	理工院校	合格	
10206	白城师范学院	吉林	中部	师范院校	合格	
10031	北京第二外国语学院	北京	东部	语文院校	合格	
12059	广东培正学院	广东	东部	财经院校	合格	
12331	山东女子学院	山东	东部	综合大学	合格	
10209	吉林艺术学院	吉林	中部	艺术院校	合格	
11788	河南警察学院	河南	中部	政法院校	合格	
10908	山东工艺美术学院	山东	东部	艺术院校	合格	
10726	西北政法大学	陕西	西部	政法院校	合格	
10093	承德医学院	河北	东部	医学院校	合格	
10068	天津外国语大学	天津	东部	语文院校	合格	
11540	广东金融学院	广东	东部	财经院校	合格	
10976	贵阳学院	贵州	西部	综合大学	合格	
10036	对外经济贸易大学	北京	东部	财经院校	合格	一流学科
10176	沈阳体育学院	辽宁	东部	体育院校	合格	
10458	山东艺术学院	山东	东部	艺术院校	合格	
10735	甘肃中医学院	甘肃	西部	医学院校	合格	
13599	大连艺术学院	辽宁	东部	艺术院校	合格	
12712	西安欧亚学院	陕西	西部	财经院校	合格	

续表

学校代码	学校名称	所在省市	地区	学校类型	状态	学校属性
10032	北京语言大学	北京	东部	语文院校	合格	
10653	成都体育学院	四川	西部	体育院校	合格	
16301	宁波诺丁汉大学	浙江	东部	综合大学	合格	
10741	兰州商学院	甘肃	西部	财经院校	合格	
11149	中华女子学院	北京	东部	语文院校	合格	
10664	遵义师范学院	贵州	西部	师范院校	合格	
10207	吉林财经大学	吉林	中部	财经院校	合格	
13763	福建江夏学院	福建	东部	财经院校	合格	
13631	大连东软信息学院	辽宁	东部	理工院校	合格	
11561	甘肃民族师范学院	甘肃	西部	师范院校	合格	
10604	广西民族师范学院	广西	西部	师范院校	合格	
10277	上海体育学院	上海	东部	体育院校	合格	一流学科
11332	湖北警官学院	湖北	中部	政法院校	合格	
11420	河北金融学院	河北	东部	财经院校	合格	
11110	广东警官学院	广东	东部	政法院校	合格	
10245	哈尔滨金融学院	黑龙江	中部	财经院校	合格	
10046	中国音乐学院	北京	东部	艺术院校	合格	一流学科
11508	新余学院	江西	中部	综合大学	合格	
10105	沧州师范学院	河北	东部	师范院校	合格	
10753	宁夏师范学院	宁夏	西部	师范院校	合格	
10051	北京舞蹈学院	北京	东部	艺术院校	合格	
10859	天津天狮学院	天津	东部	综合大学	合格	
10586	广州美术学院	广东	东部	艺术院校	合格	
10398	宁德师范学院	福建	东部	师范院校	合格	
10665	铜仁学院	贵州	西部	师范院校	合格	
10098	河北民族师范学院	河北	东部	师范院校	合格	
14390	陕西学前师范学院	陕西	西部	师范院校	合格	

续表

学校代码	学校名称	所在省市	地区	学校类型	状态	学校属性
10169	鞍山师范学院	辽宁	东部	师范院校	合格	
10669	凯里学院	贵州	西部	师范院校	合格	
10766	新疆财经大学	新疆	西部	财经院校	合格	
11532	湖南财政经济学院	湖南	中部	财经院校	合格	
11534	湖南警察学院	湖南	中部	政法院校	合格	
10030	北京外国语大学	北京	东部	语文院校	合格	一流学科
10049	中国戏曲学院	北京	东部	艺术院校	合格	
10177	沈阳音乐学院	辽宁	东部	艺术院校	合格	
10964	吉林华桥外国语学院	吉林	中部	语文院校	合格	
12784	河北传媒学院	河北	东部	艺术院校	合格	
10457	山东体育学院	山东	东部	体育院校	合格	
11354	梧州学院	广西	西部	综合大学	合格	
10071	天津体育学院	天津	东部	体育院校	合格	
10829	公安海警学院	浙江	东部	政法院校	合格	
11661	四川民族学院	四川	西部	师范院校	合格	
10330	南京体育学院	江苏	东部	体育院校	合格	
10667	安顺学院	贵州	西部	师范院校	合格	
13125	陕西服装工程学院	陕西	西部	理工院校	合格	
11406	甘肃政法学院	甘肃	西部	政法院校	合格	
10644	四川文理学院	四川	西部	师范院校	合格	
11639	上海金融学院	上海	东部	财经院校	合格	
14100	山东政法学院	山东	东部	政法院校	合格	
10654	四川音乐学院	四川	西部	艺术院校	合格	
11483	浙江警察学院	浙江	东部	政法院校	合格	
10329	江苏警官学院	江苏	东部	政法院校	合格	
11504	江西警察学院	江西	中部	政法院校	合格	
10729	西安美术学院	陕西	西部	艺术院校	合格	

续表

学校代码	学校名称	所在省市	地区	学校类型	状态	学校属性
10587	星海音乐学院	广东	东部	艺术院校	合格	
10666	兴义民族师范学院	贵州	西部	师范院校	合格	
12308	海口经济学院	海南	东部	财经院校	滞后	
10724	西安外国语大学	陕西	西部	语文院校	滞后	
11441	吉林警察学院	吉林	中部	政法院校	滞后	
10273	上海对外贸易学院	上海	东部	财经院校	滞后	
11835	上海政法学院	上海	东部	政法院校	滞后	
13607	吉林动画学院	吉林	中部	艺术院校	滞后	
10585	广州体育学院	广东	东部	体育院校	滞后	
11324	山东警察学院	山东	东部	政法院校	滞后	
11625	中国青年政治学院	北京	东部	政法院校	滞后	
11392	云南警官学院	云南	西部	政法院校	滞后	
10208	吉林体育学院	吉林	中部	体育院校	滞后	
12729	齐齐哈尔工程学院	黑龙江	中部	理工院校	滞后	
10841	辽宁对外经贸学院	辽宁	东部	财经院校	滞后	
14019	北京警察学院	北京	东部	政法院校	滞后	
10997	昌吉学院	新疆	西部	综合大学	滞后	
11495	福建警察学院	福建	东部	政法院校	滞后	
10073	天津美术学院	天津	东部	艺术院校	滞后	
11236	河北体育学院	河北	东部	体育院校	滞后	
13298	哈尔滨德强商务学院	黑龙江	中部	财经院校	滞后	
11903	中央司法警官学院	河北	东部	政法院校	滞后	
10040	外交学院	北京	东部	语文院校	滞后	一流学科
10768	新疆艺术学院	新疆	西部	艺术院校	滞后	
11556	文山学院	云南	西部	师范院校	滞后	
11538	湖南女子学院	湖南	中部	语文院校	滞后	
10048	中央戏剧学院	北京	东部	艺术院校	滞后	一流学科

续表

学校代码	学校名称	所在省市	地区	学校类型	状态	学校属性
10242	哈尔滨体育学院	黑龙江	中部	体育院校	滞后	
10686	保山学院	云南	西部	师范院校	滞后	
10279	上海戏剧学院	上海	东部	艺术院校	滞后	
10042	国际关系学院	北京	东部	政法院校	滞后	
10274	上海海关学院	上海	东部	财经院校	滞后	
11831	首钢工学院	北京	东部	理工院校	滞后	
10690	云南艺术学院	云南	西部	艺术院校	滞后	
12544	宁夏理工学院	宁夏	西部	理工院校	滞后	
10072	天津音乐学院	天津	东部	艺术院校	滞后	
11709	呼和浩特民族学院	内蒙古	西部	综合大学	滞后	
10728	西安音乐学院	陕西	西部	艺术院校	滞后	
13900	辽宁财贸学院	辽宁	东部	财经院校	滞后	
10696	西藏藏医学院	西藏	西部	医学院校	滞后	
16401	北京师范大学-香港浸会大学联合国际学院	广东	东部	综合大学	滞后	
10278	上海音乐学院	上海	东部	艺术院校	滞后	一流学科

注：1. 根据各学校实验室建设与发展综合评价结果，并结合实际，优秀比例为10%、良好比例为25%、合格比例为60%、滞后比例为5%。

2. 表中校名为2015年高等学校实验室信息统计数据上报工作各学校所用名称。

3. 受数据可得性和数据保密性限制，部分高校未纳入评价范围。

4. 原该评估表中并无学校属性一栏，在本书出版时，考虑到读者阅读的需要，作者临时加上了该栏目中的内容。

附录二 国家重点实验室建设与运行管理办法

国科发基〔2008〕539号

第一章 总 则

第一条 为贯彻落实《国家中长期科学和技术发展规划纲要(2006—2020年)》,规范和加强国家重点实验室(以下简称:重点实验室)的建设和运行管理,制定本办法。

第二条 重点实验室是国家科技创新体系的重要组成部分,是国家组织高水平基础研究和应用基础研究、聚集和培养优秀科技人才、开展高水平学术交流、科研装备先进的重要基地。其主要任务是针对学科发展前沿和国民经济、社会发展及国家安全的重要科技领域和方向,开展创新性研究。

第三条 重点实验室实行分级分类管理制度,坚持稳定支持、动态调整和定期评估。

第四条 重点实验室是依托大学和科研院所建设的科研实体,实行人财物相对独立的管理机制和"开放、流动、联合、竞争"运行机制。

第五条 中央财政设立专项经费,支持重点实验室的开放运行、科研仪器设备更新和自主创新研究。专项经费单独核算,专款专用。

第六条 国家各级各类科技计划、基金、专项等应按照项目、基地、人才相结合的原则,优先委托有条件的重点实验室承担。

第二章 职 责

第七条 科学技术部(以下简称科技部)是重点实验室的宏观管理部门,主要职责是:

1. 制定重点实验室发展方针和政策,宏观指导重点实验室的建设和运行。
2. 编制和组织实施重点实验室总体规划和发展计划。
3. 批准重点实验室的建立、调整和撤销。与重点实验室签订工作计划。组织重点实验室评估和检查。

第八条 国务院有关部门、地方科技管理部门是重点实验室的行政主管部门(以下简称主管部门),主要职责是:

1. 贯彻国家有关重点实验室建设和管理的方针和政策,支持重点实验室的建设和发展。

2. 依据本办法制定本部门重点实验室管理细则,指导重点实验室的运行和管理,组织实施重点实验室建设。

3. 聘任重点实验室主任和学术委员会主任。

4. 落实重点实验室建设期间所需的相关条件。

第九条 依托单位是重点实验室建设和运行管理的具体负责单位,主要职责是:

1. 优先支持重点实验室,并提供相应的条件保障,解决实验室建设与运行中的有关问题。

2. 组织公开招聘和推荐重点实验室主任,推荐重点实验室学术委员会主任,聘任重点实验室副主任和学术委员会委员。

3. 对重点实验室进行年度考核,配合科技部和主管部门做好评估和检查。

4. 根据学术委员会建议,提出重点实验室名称、研究方向、发展目标、组织结构等重大调整意见报主管部门。

第三章 建 设

第十条 重点实验室根据规划和布局,从部门和地方重点实验室中有计划、有重点地遴选建设,保持适度建设规模。

第十一条 科技部公开发布重点实验室建设指南,由主管部门组织申报。

第十二条 申请新建重点实验室须为已运行和对外开放两年以上的部门或地方重点实验室,并满足下列条件:

1. 符合重点实验室建设指南,从事基础研究或应用基础研究。

2. 研究实力强,在本领域有代表性,有能力承担国家重大科研任务。

3. 具有结构合理的高水平科研队伍。

4. 具备良好的科研实验条件,人员与用房集中。

第十三条 主管部门组织具备条件的单位填写《国家重点实验室建设申请报告》,审核后报科技部。

第十四条 科技部组织专家评审后,择优立项。主管部门组织相应依托单位公开招聘重点实验室主任和制定重点实验室建设计划,审核后报科技部。科技部组织可行性论证,通过后予以批准建设。

第十五条 重点实验室建设期限一般不超过两年。主管部门和依托单位提供建设期间所需的相关条件保障。

第十六条　重点实验室建设计划完成后,由依托单位提交验收申请,经主管部门审核后报科技部,科技部组织专家验收。

第四章　运　行

第十七条　重点实验室实行依托单位领导下的主任负责制。

第十八条　重点实验室主任由依托单位面向国内外公开招聘、择优推荐,主管部门聘任,报科技部备案。重点实验室主任应是本领域高水平的学术带头人,具有较强的组织管理能力,一般不超过六十岁。

第十九条　重点实验室主任任期五年,连任不超过两届。每年在重点实验室工作时间一般不少于八个月,特殊情况要报主管部门批准。

第二十条　学术委员会是重点实验室的学术指导机构,职责是审议重点实验室的目标、研究方向、重大学术活动、年度工作计划和总结。

学术委员会会议每年至少召开一次,每次实到人数不少于三分之二。

第二十一条　学术委员会主任由依托单位推荐,主管部门聘任,一般应由非依托单位人员担任;委员由依托单位聘任。

第二十二条　学术委员会由国内外优秀专家组成,人数不超过十三人,其中依托单位人员不超过三分之一。一位专家不得同时担任三个以上重点实验室的学术委员会委员。

委员任期五年,每次换届应更换三分之一以上,两次不出席学术委员会会议的应予以更换。

第二十三条　重点实验室由固定人员和流动人员组成。固定人员包括研究人员、技术人员和管理人员,流动人员包括访问学者、博士后研究人员。

重点实验室人员实行聘任制。骨干固定人员由重点实验室主任聘任;其余固定人员和流动人员由骨干固定人员聘任,重点实验室主任核准。

第二十四条　重点实验室按研究方向和研究内容设置研究单元,保持人员结构和规模合理,并适当流动。

重点实验室应当注重学术梯队和优秀中青年队伍建设,稳定高水平技术队伍,加强研究生培养。

第二十五条　重点实验室应围绕主要任务和研究方向设立自主研究课题,组织团队开展持续深入的系统性研究;少部分课题可由固定人员或团队自由申请,开展探索性的自主选题研究。要注重支持青年科技人员,鼓励实验技术方法的创新研究,并可支持新引进固定人员的科研启动。

第二十六条　自主研究课题期限一般为1—3年。重点实验室对自主研究课题的执行情况要进行定期检查,并及时验收。课题的检查和验收坚持"鼓励创新、稳定支持、定性评价、宽容失败"的原则。

第二十七条 重点实验室应加大开放力度,建设成为本领域国家公共研究平台;并积极开展国际科技合作和交流,参与重大国际科技合作计划。

重点实验室应建立访问学者制度,并通过开放课题等方式,吸引国内外高水平研究人员来实验室开展合作研究。

第二十八条 重点实验室应统筹制定科研仪器设备的工作方案,有计划地实施科研仪器设备的更新改造、自主研制。

重点实验室应保障科研仪器的高效运转和开放共享,并按照有关规定和要求实施数据共享。

第二十九条 重点实验室应当重视科学道德和学风建设,营造宽松民主、潜心研究的科研环境,开展经常性、多种形式的学术交流活动。

第三十条 重点实验室应当重视和加强运行管理,建立健全内部规章制度。要加强室务公开,重大事项决策要公开透明。严格遵守国家有关保密规定。

第三十一条 重点实验室应当加强知识产权保护。在重点实验室完成的专著、论文、软件、数据库等研究成果均应标注重点实验室名称,专利申请、技术成果转让、申报奖励等按国家有关规定办理。

第三十二条 重点实验室应当结合自身特点,推动科技成果的转化,加强与产业界的联系与合作。

第三十三条 重点实验室应当重视科学普及,向社会公众特别是学生开放,每年不少于十天。

第三十四条 重点实验室需要更名、变更研究方向或进行结构调整、重组的,须由依托单位提出书面报告,经学术委员会论证,主管部门审核后报科技部批复。

第五章　考核与评估

第三十五条 重点实验室应当在规定时间报告年度工作计划和总结,经依托单位和主管部门审核后,报科技部。

第三十六条 依托单位应当对实验室进行年度考核,考核结果报主管部门和科技部备案。年度考核的主要目的是了解实验室发展状况和存在的问题。

第三十七条 根据年度考核情况,科技部会同主管部门和依托单位,每年对部分重点实验室进行现场检查,发现、研究和解决重点实验室存在的问题。现场检查的内容主要包括:听取实验室主任工作报告、考察实验室、召开座谈会等。

第三十八条 科技部对重点实验室进行定期评估。五年为一个评估周期,每年评估一至两个领域的重点实验室。具体评估工作委托评估机构实施。

第三十九条 评估主要对重点实验室五年的整体运行状况进行综合评价,指标包括:研究水平与贡献、队伍建设与人才培养、开放交流与运行管理等。

第四十条 科技部根据重点实验室定期评估成绩,结合年度考核情况,确定重点实验室评估结果;未通过评估的不再列入重点实验室序列。

第六章 附 则

第四十一条 重点实验室统一命名为"××国家重点实验室(依托单位)",英文名称为"State Key Laboratory of ××(依托单位)"。如:硅材料国家重点实验室(浙江大学),State Key Laboratory of Silicon Materials(Zhejiang University)。

第四十二条 国家重点实验室专项经费管理办法另行发布。

第四十三条 主管部门依据本办法制定本部门重点实验室管理细则。

第四十四条 本办法自发布之日起施行。原《国家重点实验室建设与管理暂行办法》(国科发基字〔2002〕91号)同时废止。

附录三 国务院关于国家重大科研基础设施和大型科研仪器向社会开放的意见

国发〔2014〕70号

各省、自治区、直辖市人民政府，国务院各部委、各直属机构：

国家重大科研基础设施和大型科研仪器（以下称科研设施与仪器）是用于探索未知世界、发现自然规律、实现技术变革的复杂科学研究系统，是突破科学前沿、解决经济社会发展和国家安全重大科技问题的技术基础和重要手段。近年来，科研设施与仪器规模持续增长，覆盖领域不断拓展，技术水平明显提升，综合效益日益显现。同时，科研设施与仪器利用率和共享水平不高的问题也逐渐凸显出来，部分科研设施与仪器重复建设和购置，存在部门化、单位化、个人化的倾向，闲置浪费现象比较严重，专业化服务能力有待提高，科研设施与仪器对科技创新的服务和支撑作用没有得到充分发挥。为加快推进科研设施与仪器向社会开放，进一步提高科技资源利用效率，现提出以下意见。

一、总体要求

（一）指导思想

以邓小平理论、"三个代表"重要思想、科学发展观为指导，深入贯彻党的十八大和十八届二中、三中、四中全会精神，认真落实党中央和国务院的决策部署，围绕健全国家创新体系和提高全社会创新能力，通过深化改革和制度创新，加快推进科研设施与仪器向高校、科研院所、企业、社会研发组织等社会用户开放，实现资源共享，避免部门分割、单位独占，充分释放服务潜能，为科技创新和社会需求服务，为实施创新驱动发展战略提供有效支撑。

（二）主要目标

力争用三年时间，基本建成覆盖各类科研设施与仪器、统一规范、功能强大的专业化、网络化管理服务体系，科研设施与仪器开放共享制度、标准和机制更加健全，建设布局更加合理，开放水平显著提升，分散、重复、封闭、低效的问题基本解决，资源利用率进一步提高。

（三）基本原则

制度推动。制定促进科研设施与仪器开放的管理制度和办法，明确管理部门和单位的责任，理顺开放运行的管理机制，逐步纳入法制化轨道，推动非涉密和无特殊规定限制的科研设施与仪器一律向社会开放。

信息共享。搭建统一的网络管理平台，实现科研设施与仪器配置、管理、服务、监督、评价的全链条有机衔接。

资源统筹。既要盘活存量，统筹管理，挖掘现有科研设施与仪器的潜力，促进利用效率最大化；又要调控增量，合理布局新增科研设施与仪器，以开放共享推动解决重复购置和闲置浪费的问题。

奖惩结合。建立以用为主、用户参与的评估监督体系，形成科研设施与仪器向社会服务的数量质量与利益补偿、后续支持紧密挂钩的奖惩机制。

分类管理。对于不同类型的科研设施与仪器，采取不同的开放方式，制定相应的管理制度、支撑措施及评价办法。

（四）适用范围

科研设施与仪器包括大型科学装置、科学仪器中心、科学仪器服务单元和单台套价值在 50 万元及以上的科学仪器设备等，主要分布在高校、科研院所和部分企业的各类重点实验室、工程（技术）研究中心、分析测试中心、野外科学观测研究站及大型科学设施中心等研究实验基地。其中，科学仪器设备可以分为分析仪器、物理性能测试仪器、计量仪器、电子测量仪器、海洋仪器、地球探测仪器、大气探测仪器、特种检测仪器、激光器、工艺试验仪器、计算机及其配套设备、天文仪器、医学科研仪器、核仪器、其他仪器 15 类。

二、重点措施

（一）所有符合条件的科研设施与仪器都纳入统一网络平台管理

科技部会同有关部门和地方建立统一开放的国家网络管理平台，并将所有符合条件的科研设施与仪器纳入平台管理。科研设施与仪器管理单位（以下简称管理单位）按照统一的标准和规范，建立在线服务平台，公开科研设施与仪器使用办法和使用情况，实时提供在线服务。管理单位的服务平台统一纳入国家网络管理平台，逐步形成跨部门、跨领域、多层次的网络服务体系。

管理单位建立完善科研设施与仪器运行和开放情况的记录，并通过国家网络管理平台，向社会发布科研设施与仪器开放制度及实施情况，公布科研设施与仪器分布、利用和开放共享情况等信息。

（二）按照科研设施与仪器功能实行分类开放共享

对于大型科学装置、科学仪器中心，有关部门和管理单位要将向社会开放纳入日常运行管理工作。对于科学仪器服务单元和单台套价值在50万元及以上的科学仪器设备，科技行政主管部门要加强统筹协调，按不同专业领域或仪器功能，打破管理单位的界限，推动形成专业化、网络化的科学仪器服务机构群。对于单台套价值在50万元以下的科学仪器设备，可采取管理单位自愿申报、行政主管部门择优加入的方式，纳入国家网络管理平台管理。对于通用科学仪器设备，通过建设仪器中心、分析测试中心等方式，集中集约管理，促进开放共享和高效利用。对于拟新建设施和新购置仪器，应强化查重评议工作，并将开放方案纳入建设或购置计划。管理单位应当自科研设施与仪器完成安装使用验收之日起30个工作日内，将科研设施与仪器名称、规格、功能等情况和开放制度提交国家网络管理平台。

鼓励国防科研单位在不涉密条件下探索开展科研设施与仪器向社会开放服务。

对于利用科研设施与仪器形成的科学数据、科技文献（论文）、科技报告等科技资源，要根据各自特点采取相应的方式对外开放共享。开放共享情况要作为科技资源建设和科技计划项目管理考核的重要内容。

（三）建立促进开放的激励引导机制

管理单位对外提供开放共享服务，可以按照成本补偿和非盈利性原则收取材料消耗费和水、电等运行费，还可以根据人力成本收取服务费，服务收入纳入单位预算，由单位统一管理。管理单位对各类科研设施与仪器向社会开放服务建立公开透明的成本核算和服务收费标准，行政主管部门要加强管理和监督。对于纳入国家网络管理平台统一管理、享受科教用品和科技开发用品进口免税政策的科学仪器设备，在符合监管条件的前提下，准予用于其他单位的科技开发、科学研究和教学活动。探索建立用户引导机制，鼓励共享共用。

统筹考虑和严格控制在新上科研项目中购置科学仪器设备。将优先利用现有科研设施与仪器开展科研活动作为各科研单位获得国家科技计划（专项、基金等）支持的重要条件。

鼓励企业和社会力量以多种方式参与共建国家重大科研基础设施，组建专业的科学仪器设备服务机构，促进科学仪器设备使用的社会化服务。

（四）建立科研设施与仪器开放评价体系和奖惩办法

科技部会同有关部门建立评价制度，制定评价标准和办法，引入第三方专业评估机制,定期对科研设施与仪器的运行情况、管理单位开放制度的合理性、开放程度、服务质量、服务收费和开放效果进行评价考核。评价考核结果向社会公布,并作为科研设施与仪器更新的重要依据。对于通用科研设施与仪器,重点评价用户使用率、用户的反馈意见、有效服务机时、服务质量以及相关研究成果的产出、水平与贡献;对于专用科研设施与仪器,重点评价是否有效组织了高水平的设施应用专业团队以及相关研究成果的产出、水平与贡献。

  管理单位应在满足单位科研教学需求的基础上,最大限度推进科研设施与仪器对外开放,不断提高资源利用率。对于科研设施与仪器开放效果好、用户评价高的管理单位,同级财政部门会同有关部门根据评价考核结果和财政预算管理的要求,建立开放共享后补助机制,调动管理单位开放共享积极性。对于不按规定如实上报科研设施与仪器数据、不按规定公开开放与利用信息、开放效果差、使用效率低的管理单位,科技行政主管部门会同有关部门在网上予以通报,限期整改,并采取停止管理单位新购仪器设备、在申报科技计划(专项、基金等)项目时不准购置仪器设备等方式予以约束。对于通用性强但开放共享差的科研设施与仪器,结合科技行政主管部门的评价考核结果,相关行政主管部门和财政部门可以按规定在部门内或跨部门无偿划拨,管理单位也可以在单位内部调配。科技行政主管部门、相关行政主管部门要建立投诉渠道,接受社会对科研设施与仪器调配的监督。

(五)加强开放使用中形成的知识产权管理

  用户独立开展科学实验形成的知识产权由用户自主拥有,所完成的著作、论文等发表时,应明确标注利用科研设施与仪器情况。加强网络防护和网络环境下数据安全管理,管理单位应当保护用户身份信息以及在使用过程中形成的知识产权、科学数据和技术秘密。

(六)强化管理单位的主体责任

  管理单位是科研设施与仪器向社会开放的责任主体,要强化法人责任,切实履行开放职责,自觉接受相关部门的考核评估和社会监督。要根据科研设施与仪器的类型和用户需求,建立相应的开放、运行、维护、使用管理制度,保障科研设施与仪器的良好运行与开放共享。要落实实验技术人员岗位、培训、薪酬、评价等政策。科学仪器设备集中使用的单位,要建立专业化的技术服务团队,不断提高实验技术水平和开放水平。

  各行政主管部门要切实履行对管理单位开放情况的管理和监督职责,实施年度考核,把开放水平和结果作为年度考核的重要内容。

三、组织实施和进度安排

改革分阶段实施,在2014年科技部会同有关部门和地方启动现有科研设施与仪器的资源调查,摸清家底,建立科研设施与仪器资源数据库的基础上,逐步实现科研设施与仪器向社会开放的全覆盖。

2015年,科技部会同有关部门充分利用现有全国大型科学仪器设备协作共用平台,启动统一开放的科研设施与仪器国家网络管理平台建设,年底前基本建立。遴选状态良好、管理制度健全、开放绩效突出并具有代表性的科研设施与仪器,先行开展向社会开放试点。制定管理单位服务平台的标准规范,制定并发布统一的评价办法,开展评价考核工作,财政部门会同有关部门建立开放共享后补助机制。完善科技部、财政部、教育部、中科院等相关部门对新购科学仪器设备的查重和联合评议机制。所有管理单位制定完善的开放制度,并在国家网络管理平台上发布。

2016年,科技部会同有关部门和地方建成覆盖各类科研设施与仪器、统一规范、功能强大的专业化、网络化国家网络管理平台,将所有符合条件的科研设施与仪器纳入平台管理。所有管理单位按照统一的标准规范建成各自的服务平台,明确服务方式、服务内容、服务流程,纳入国家网络管理平台,形成跨部门、跨领域、多层次的网络服务体系。所有管理单位在国家网络管理平台上发布符合开放条件的科研设施与仪器开放清单和开放信息。

2017年,科技行政主管部门对管理单位的科研设施与仪器向社会开放情况进行评价考核,并向社会公布评价考核结果。

国务院
2014年12月31日

附录四 教育部重点实验室建设与运行管理办法

教技〔2015〕3号

第一章 总 则

第一条 为加快实施国家创新驱动发展战略,深化科技体制改革,推动高等教育事业发展,规范和加强教育部重点实验室(以下简称实验室)建设与运行管理,制定本办法。

第二条 实验室是高等学校组织高水平科学研究、培养和集聚创新人才、开展学术合作交流的重要基地,是国家科技创新体系的重要组成部分。其主要任务是面向科学前沿,聚焦国家战略需求和行业、区域发展需求,开展创新性研究,提升高等学校创新能力,推动学科建设发展,以高水平科学研究支撑高质量高等教育。

第三条 实验室实行"开放、流动、联合、竞争"的运行机制;坚持科教融合,创新引领,定期评估,动态调整。

第四条 实验室是由高等学校建设的具有相对独立性的科研实体,实行人、财、物相应独立的管理机制。

第二章 管理职责

第五条 教育部是实验室的宏观管理部门,主要职责是:
(一)制定实验室发展方针和政策,编制发展规划,发布建设指南。
(二)制定实验室建设与运行管理办法,指导实验室的建设和运行。
(三)负责实验室的立项建设、调整和撤销。
(四)组织实验室的验收、评估和检查。

第六条 高等学校主管部门对实验室建设与运行管理的主要职责是:
(一)将实验室的建设发展纳入行业和地方的发展重点。
(二)推进、落实实验室建设和运行经费,以及相应人事配套政策。
(三)依据本办法,指导和监督实验室的运行和管理。
(四)协助教育部做好实验室的验收、评估和检查工作。

第七条 高等学校是实验室建设和运行管理的主体,其主要职责是:
(一)将实验室建设和基本运行经费纳入学校年度预算;在重点学科建

设、人才引进和队伍建设、研究生培养指标、自主选题研究等的年度计划中对实验室给予重点支持;提供人力资源、科研场所和仪器设备等条件保障。

(二)组织实验室的申报、论证,制定运行管理的实施细则,解决实验室建设运行中的有关问题。

(三)聘任实验室主任和学术委员会主任,组建实验室学术委员会。

(四)组织实验室年度考核,负责日常监督管理,配合做好定期评估。

(五)根据学术委员会建议,提出实验室名称、发展目标、组织结构等重大事项的调整,经主管部门审核报教育部认定。

第三章 立项与建设

第八条 教育部根据科学研究、学科发展和人才培养的需要,结合实验室总体规划和布局,会同高等学校主管部门,不定期发布建设指南,组织开展实验室的立项建设,主要包括立项申请、评审、论证、验收。

第九条 实验室立项申请的基本条件为:

(一)研究方向和目标明确,特色鲜明,在本领域有重要影响;有承担国家和地方重大科研任务的能力;具备培养高层次人才的条件,能够广泛开展国内外学术交流与合作;具有良好的学术氛围。

(二)拥有知名学术带头人和年龄与知识结构合理、富于创新、团结协作的优秀研究团队;具有一支稳定、高水平的研究、实验技术和管理人员队伍。

(三)具有良好实验条件和充足的研究场所、经费保障。人员与用房相对集中,原则上实验室面积不低于 3 000 平方米,仪器设备总价值不低于 2 000 万元。

(四)依托学科应为高等学校的优势和特色学科,或是新兴交叉学科,并符合实验室建设规划和指南。

(五)实验室申请立项时,一般应是已良好运行 2 年以上的行业、地方、校级重点研究机构,具有较完善的管理制度。

第十条 根据教育部发布的实验室建设指南和要求,符合立项申请基本条件的高等学校按规定格式填写《教育部重点实验室建设申请书》。高等学校应确保申请书内容的真实性,并签署配套经费及条件保障等意见,经主管部门审核后报教育部。

第十一条 教育部组织专家对《教育部重点实验室建设申请书》进行评审,择优立项,向高等学校批复立项结果,并抄送其主管部门。

根据立项批复,高等学校组织编制《教育部重点实验室建设计划任务书》，并组织专家组对实验室建设计划进行可行性论证。论证后的建设计划任务书和论证报告报主管部门和教育部备案。

第十二条 实验室建设坚持"边建设、边运行"的原则。鼓励部门、地方、企业参与共建。建设应严格按照《教育部重点实验室建设计划任务书》的内容实施，建设期一般不超过 3 年。逾期未通过验收的实验室，取消立项建设资格。

第十三条 建设任务完成后，高等学校经自查后向主管部门和教育部报送《教育部重点实验室建设验收报告》，并提出验收计划安排。

实验室建设验收由教育部组织或委托相关部门进行。验收专家组一般由学术专家和管理专家组成。验收专家组依据建设计划任务书及验收报告，进行综合评议，形成验收意见。通过验收的实验室，经教育部认定后正式开放运行。

第十四条 地方、行业的重点研究机构建设发展成为开放运行的教育部重点实验室后，可以同时保留其原有的地方、行业重点研究机构名称，地方政府和行业部门可继续按照原有渠道和方式给予支持。

第四章 运行与管理

第十五条 高等学校应当重视实验室的建设与发展，成立由主要负责人牵头，科技、人事、学科、财务、资产等部门参加的实验室建设和运行管理委员会，负责落实条件保障、日常监督管理和年度考核工作，协调解决实验室发展中的重大问题，并保障实验室基本运行经费每年不低于 100 万元。

第十六条 实验室实行高等学校领导下的主任负责制。实验室主任负责实验室的全面工作，并设立专职副主任和专职秘书。

实验室主任由高等学校公开招聘和聘任，报主管部门和教育部备案。实验室主任应是本领域高水平的学术带头人，具有较强的组织管理能力，首次聘任时一般不超过 55 岁。实验室主任应是高等学校聘任的全职教学科研人员，每届任期 5 年，一般连任不超过 2 届。

第十七条 学术委员会是实验室的学术指导机构，职责是审议实验室的发展目标、研究方向、重大学术活动、年度报告、开放课题。学术委员会会议每年至少召开 1 次，每次实到人数不少于总人数 2/3。

学术委员会主任一般应由非实验室所在高等学校的人员担任。实验室学术委员会主任由高等学校聘任，报主管部门和教育部备案。委员由高等学校聘任。

学术委员会由不少于 9 位国内外优秀专家组成，其中实验室所在高等学校人员不超过 1/3。鼓励聘请外籍专家。1 位专家至多同时担任 3 个实验室的学术委员。委员每届任期 5 年,一般连任不超过 2 届,每次换届应更换 1/3 以上委员,原则上 2 次不出席学术委员会会议的应予以更换。

第十八条　实验室人员由固定人员和流动人员组成。固定人员应是高等学校聘用的聘期 2 年以上的全职人员,除承担高等学校教学任务外,原则上应全职在实验室工作。固定人员包括研究人员、技术人员和管理人员,一般规模不少于 30 人。流动人员包括访问学者、博士后研究人员等。实验室要加大流动人员规模,注重吸引国内外优秀博士后研究人员等青年人才,并通过聘用合同明确工作职责和任务、聘期及在岗工作时间等。

第十九条　实验室应围绕主要研究方向和重点任务,组织团队系统开展持续深入的科学研究,联合国内外优秀团队开展协同创新,承担国家、区域和行业的重大科技任务;充分发挥高等学校多学科优势,设立自主研究选题,加强跨学科研究;开展仪器设备的自主研发和更新改造,开展实验技术方法的创新研究。

第二十条　实验室应注重人才培养,吸引优秀本科生进入实验室参与科研活动,支持研究生参与课题研究和学术交流,注重研究成果向教学内容及时转化,积极与国内外科研机构和行业企业联合培养创新人才,开展学生跨校交流和联合培养。

第二十一条　实验室应充分开放运行,建立访问学者制度,设立开放课题,吸引优秀人才开展合作研究;广泛开展学术交流,与国内外高水平研究机构和团队开展稳定的实质性合作;积极参与重大国际科技合作计划,争取在国际学术组织中任职。

第二十二条　实验室的科研设施和仪器设备、数据库和样本库等科技资源,在满足科研教学需求的同时,应建立开放共享机制,面向社会开放运行。实验室应设立公众开放日,面向社会开展科学知识传播。

第二十三条　实验室应加强知识产权的规范管理。在实验室完成的专著、论文、软件、数据库等研究成果均应标注实验室名称;专利申请、成果转让、奖励申报等按国家有关规定执行;加强数据、标本等科技资源的采集、整理、加工、保存,建设各类资源库。

第二十四条　实验室应建立健全各项规章制度,严格遵守国家有关保密规定。加强实验室信息化建设,建立内部管理信息系统和实验室网站,纳入学校信息化工作统筹管理,并保持安全运行。

第二十五条　实验室要营造宽松民主、团结协作、积极进取的工作环境,形成潜心研究、勇于创新和宽容失败的学术氛围。实验室要高度重视学术道德和学风建设,加强自我监督。

第五章 考核评估与调整

第二十六条 实验室必须编制年度报告,并在实验室网站公布。

第二十七条 高等学校以年度报告为基础,每年组织对实验室进行年度考核,并将考核结果与年度报告一并报主管部门和教育部备案。

第二十八条 根据年度考核情况,教育部可会同高等学校主管部门,抽取部分实验室进行现场检查,发现、研究和解决实验室存在的问题。

第二十九条 教育部对实验室进行定期评估。定期评估周期为5年,每年评估1—2个领域。开放运行满3年的实验室应当参加定期评估。

第三十条 教育部负责实验室定期评估的组织实施,制定评估规则,委托和指导第三方机构开展具体评估工作,确定和发布评估结果,受理并处理异议。

第三十一条 定期评估主要对实验室5年的整体运行状况进行综合评估,评估程序分为初评、现场考察和综合评议三个阶段。定期评估工作按照《教育部重点实验室评估规则》进行。

第三十二条 教育部根据定期评估结果,对实验室进行动态调整。未通过评估的实验室不再列入实验室序列;评估结果为优秀的实验室优先推荐申报国家重点实验室。

第六章 附 则

第三十三条 实验室通过验收后,统一命名为"××教育部重点实验室(××大学),英文名称为 Key Laboratory of ××(×× University),Ministry of Education。如:神经科学教育部重点实验室(北京大学),Key Laboratory of Neuroscience(Peking University),Ministry of Education。

第三十四条 在实验室建设与运行管理中,凡是属于国家科学技术涉密范围的相关情形和内容,应按照《国家科学技术保密规定》等相关法规执行。

第三十五条 《教育部重点实验室评估规则》另行发布。

第三十六条 本办法自公布之日起施行,原《高等学校重点实验室建设与管理暂行办法》(教技〔2003〕2号)同时废止。

附录五　教育部重点实验室评估规则（2015年修订）

第一章　总　　则

第一条　为规范教育部重点实验室（以下简称实验室）的定期评估（以下简称评估）工作，根据《教育部重点实验室建设与运行管理办法》，特制定本规则。

第二条　评估的目的是全面了解和检查实验室5年的运行状况，总结经验，发现问题，促进发展。评估重点是实验室的研究水平与贡献、研究团队建设、学科发展与人才培养、开放与运行管理。

第三条　评估工作坚持"公开、公平、公正"，按照依靠专家，注重实效，动态调整，以评促建的原则，采取定性评估与定量评估相结合的方式（评估指标体系见附件）。

第四条　评估是实验室管理的重要环节，在年度考核的基础上进行。评估周期为5年，每年评估1—2个领域的实验室。教育部可根据情况对实验室进行不定期抽查。

第五条　所有通过验收并且正式开放运行期满3年的实验室均应参加评估，未满3年的实验室可自主决定是否参加评估。依托中央部门所属高等学校和依托地方高等学校建设的实验室按照统一规定和程序参加评估。

第六条　教育部科技司负责评估的组织实施，包括：制订实验室评估规则，确定参评实验室名单，建立评估专家库，选择和委托第三方评估机构（以下简称评估机构）开展评估工作，确定和发布评估结果，受理对评估机构和评估工作的实名异议，对评估机构的履职尽责情况进行监督和评价。

第七条　评估机构应具备组织实施评估工作的条件，能够按照本规则客观公正地开展工作，并对评估中的有关过程和情况严格保密。评估机构的主要职责是：拟定评估实施方案和经费预算，受理评估申请，组织专家评估，提交评估报告，建立评估工作档案并按期向教育部移交。

第八条　中央部门、地方政府教育行政部门负责指导和组织本部门实验室和依托高等学校做好接受评估的准备工作。

第九条　实验室依托高等学校负责为实验室评估提供支持和保障；审核评估申请材料的真实性和准确性，并承担材料失实的连带责任。

第十条　教育部建立实验室评估专家库。评估专家一般由本领域学术水平高、公道正派、熟悉实验室工作的一线科学家和少数科研管理专家担任。应用基础研究比重大的领域应当聘请部分来自产业界的专家。

第二章 评估材料

第十一条 评估材料是实验室评估的依据，必须反映评估期限内的真实情况，包括实验室年度考核报告和 5 年工作总结。评估材料存在弄虚作假情形的实验室，当年评估结果定为整改。评估材料中属于国家科学技术涉密范围的内容应按照《国家科学技术保密规定》执行。

第十二条 实验室根据评估期内提交的年度报告编写 5 年工作总结，并在依托高等学校内进行公示。5 年工作总结中列举的所有成果必须是评估期内获得，并且各项数据应与年度考核报告的内容相符。

第十三条 评估材料经实验室依托高等学校和主管部门审核后，按照规定程序和日期提交评估机构。评估机构应组织人员对评估材料进行审核。

第三章 评估程序

第十四条 教育部于每年 7 月 1 日前确定委托承担次年评估工作的评估机构，并下达当年参评的实验室清单。

第十五条 评估机构制定详细的评估实施方案和经费预算，报教育部批准。评估实施方案包括实验室分组、材料提交、评估日程安排等。评估经费预算包括专家评审费、会场租用费、交通费、食宿费等。教育部在收到评估方案后的 15 个工作日内批复。

第十六条 评估机构发布评估通知，按初评、现场考察和综合评议三个阶段分别组织专家评估，于下半年完成评估工作。

第十七条 参评实验室的依托高等学校负责审核评估材料并签署意见，在规定时间期限内，向评估机构正式提交。

第四章 初 评

第十八条 初评采取专家集中开会听取工作报告的形式对所有参评实验室进行评议。按照学科领域相近的原则，分组进行。

第十九条 评估机构在会前组织召开初评预备会，向初评专家说明评估规则和指标体系，明确评估任务和要求。

第二十条 各参评实验室主任到会做工作报告，并对专家提问进行答辩。报告时间 30 分钟，答辩 10 分钟，其他参评实验室可以旁听。

第二十一条 初评专家在会议期间应审阅评估材料,听取实验室主任工作报告并交流讨论后,根据评估指标体系对实验室进行记名打分。

第二十二条 根据专家打分结果从高到低排序,排名前20%和后20%的实验室进入现场考察,同时教育部还将从其余参评实验室中抽取不少于10%的实验室列入现场考察名单。

名单在教育部科技司网站上发布,但不公开具体排名。未进入现场考察名单的其他参评实验室可在名单公布后的10个工作日内向教育部提出现场考察申请,经批准后接受现场考察。

第五章 现场考察

第二十三条 现场考察按照初评的分组进行。评估机构组织成立现场考察专家组,确定专家组长。每个现场考察专家组由5—7位专家组成,其中包含初评专家2—3名,管理专家1—2名。专家组名单需报教育部审核同意。

第二十四条 评估机构安排确定各实验室现场考察时间(每实验室评估半天)和路线,于考察前10个工作日通知相关参评实验室,并将考察安排向有关中央部门、地方政府教育行政部门通报。

评估机构负责制订现场考察工作手册,主要内容包括现场考察的基本程序、详细日程安排以及评估工作的有关文件和工作人员职责。

评估机构组织召开现场考察预备会,向专家组成员明确现场考察的任务和要求。

第二十五条 现场考察过程由专家组长主持。主要考察实验室的工作状态、创新氛围和内部运行管理;核实科研成果和经费使用情况,以及仪器设备运行管理和开放共享情况;检查依托高等学校对实验室的支持和条件保障的落实情况,以及对实验室的日常监督管理。专家组采取听取实验室主任和依托高等学校工作报告、审查证明材料、召开座谈会或进行个别访谈等方式进行考察了解。

第二十六条 专家组审阅评估材料和证明材料,听取实验室主任和依托高等学校的工作报告,并提问质询。其中:

实验室主任工作报告主要介绍评估期限内实验室取得的代表性成果(不超过5项),并对实验室的运行状况和管理机制进行全面、系统总结。报告不超过40分钟,答辩20分钟。

由校领导或科研管理部门负责人代表依托高等学校,报告评估期限内依托高等学校对实验室的资源投入、条件保障、政策支持、日常监督管理等情况。报告不超过20分钟,答辩10分钟。

第二十七条 实验室应提供以下材料备专家组查阅:基本运行经费、开放课题经费等有关经费的财务证明(包括到账和使用情况);各类有关项目合同书、项目批准书、获奖证书;完成的各类研究成果(论文、专利等);公共服务证明;学术交流和会议相关文(信、函)件;内部管理规章制度等。

第二十八条 专家组经交流讨论后,以口头方式向实验室和依托高等学校简要反馈,在肯定成绩的同时,更要明确指出实验室的不足。

第二十九条 专家组在现场考察结束后,根据评估指标体系对本组考察的实验室记名打分,并研究提出书面评估意见。评估意见应明确指出实验室存在的问题和改进建议。

第六章 综合评议

第三十条 评估机构按照初评打分占60%,现场考察打分占40%的方式,计算出参加现场考察的各实验室成绩并从高到低排序,成绩靠前的实验室评估结果为优秀;成绩靠后的实验室将参加综合评议,比例不少于参评实验室总数的20%。参加综合评议的实验室名单在教育部科技司网站上发布并提前至少10个工作日通知依托高等学校。

第三十一条 同领域的综合评议不再按相近学科分组。每个领域由7—11位专家组成综合评议专家组。

第三十二条 评估机构向综合评议专家组提供参评实验室的初评成绩、现场考察成绩、现场考察意见、评估材料和评估指标体系。

第三十三条 参加综合评议的实验室主任到会做工作报告,并对专家提问进行答辩。主要介绍实验室代表性成果和优势特色、存在的问题和不足、发展规划和设想等。报告时间30分钟,答辩10分钟。

第三十四条 专家经评议讨论,对参加综合评议的实验室记名打分和排序,并当场公布排序结果。

第七章 公布结果

第三十五条 综合评议结束后的15个工作日内,评估机构向教育部提交当年评估工作档案,包括:各阶段专家组人员名单、会议初评专家打分表、初评打分排序统计结果、各实验室现场考察意见、现场考察打分和排序结果、综合评议专家打分表及排序结果。

第三十六条 评估机构应在综合评议结束后的15个工作日内,向教育部提交评估报告,报告应对评估过程中产生的材料进行分析,对评估工作进行系统总结,并提出意见和建议。

第三十七条 教育部根据评估成绩和评估报告,确定并发布评估结果及处理意见。评估结果分为优秀、良好、整改、未通过评估四类。其中评估结果为优秀的实验室不超过 15%,评估结果为整改和未通过评估的实验室不少于 10%,其他实验室评估结果为良好。

第三十八条 评估结果为整改的实验室整改期为 2 年,期满后由教育部组织专家现场检查整改结果,检查通过后评估结果定为良好,检查未通过的实验室不再列入教育部重点实验室序列。

第三十九条 未通过评估的实验室、不参加评估或中途退出评估的实验室,不再列入教育部重点实验室序列,可以再次参加立项申请。

第四十条 评估结果在教育部科技司网站公示一周。公示期内接受实名提出异议。最后以书面形式向参评实验室和依托高等学校反馈评估结果。

第八章 附 则

第四十一条 实验室评估费用由教育部承担。

第四十二条 评估机构、工作人员和评估专家应严格遵守国家法律法规和相关保密规定,科学公正、严肃认真地履行职责,不得对外发布相关过程信息,不得收取评估对象的评审费用、礼品、礼金。

第四十三条 评估实行回避制度,与实验室有直接利害关系者,包括实验室正、副主任、固定人员,学术委员会成员,实验室主管部门及其他直接相关者不得作为评估专家。实验室可提出希望回避的专家名单并说明理由,与评估材料一并上报。

第四十四条 本规则自发布之日起施行。《教育部重点实验室评估规则》(教技〔2007〕3 号)同时废止。

附件 1 教育部重点实验室评估指标体系

指标	权重	要点
研究水平与贡献	40%	总体定位与研究方向;代表性研究成果水平与国际学术影响;实验室的特色工作;承担科研任务情况;对国家、行业、区域重大需求和社会经济发展的贡献
研究队伍建设	20%	实验室主任与学术带头人作用;队伍结构与人才梯队;青年骨干培养与引进;访问学者与博士后研究人员

续表

指标	权重	要点
学科发展与人才培养	20%	推动学科建设水平提升;促进学科交叉和新兴学科发展;研究生参与科研课题及本科生参与科研活动;创新人才培养质量
开放与运行管理	20%	开放课题、学术交流合作;仪器设备和资源开放共享;科学传播;实验室管理、网站和内部制度建设;创新氛围和学风建设;依托高校支持

指标体系说明:

一、研究水平与贡献

1. 总体定位与研究方向

实验室总体定位明确,思路清晰,特色鲜明。研究方向符合科学发展趋势、聚焦国家重大战略需求,服务区域和行业发展需要。各主要研究方向围绕实验室整体思路和总体目标展开,并且相互有机联系,发展良好。

2. 承担科研任务情况

实验室有较强的承担重大科研任务的能力,评估期内牵头或作为主要参与单位承担了国家、地方和行业的重大科研任务,并发挥了核心作用,产生了重要科研成果。

3. 代表性研究成果水平与学术影响,对国家、行业、区域重大需求和社会经济发展的贡献

代表性成果是指评估期内由实验室人员在本实验室完成的重大科研成果,以及通过国内外合作研究取得的重要成果。代表性成果应是根据科学前沿和国家、行业、区域重大需求所开展的、为促进科学发展或解决关键科技问题以及为国家、行业、区域发展决策提供科技支撑等方面所取得的系列进展,而不是一些关联度不高的研究方向的成果汇总。

代表性成果的表述应明确、具体,包括:

(1) 在科学前沿探索中取得的具有较大国际影响的原创成果,如在本领域公认的优秀期刊上发表高水平学术论文,出版学术专著,得到国内外学术界公认并被广泛引用;或受邀在国际重要学术会议上发表报告,产生重要学术影响。

(2) 在解决经济建设、社会发展或国家安全的重大科技问题和重大需

求中,创新思想与方法,实现重要理论创新、关键技术突破或系统集成,形成国家、行业、地方重要标准或规范,拥有核心专利等自主知识产权,取得创造性成果并实现成果转化,获得良好的经济和社会效益。

(3) 在重大科学仪器研制开发、实验技术方法创新和改进方面取得突破性进展。

(4) 为宏观决策、社会建设、经济建设提供政策参考建议和科学依据,或建立理论模型,并被采纳实施,取得良好的社会、经济效益。

(5) 基础性工作成果。基础科学数据、资料、标本等科技资源库建设,具有权威性、系统性、完整性、科学性,并提供良好的公共服务和资源共享,为相关领域科学研究提供支撑。

二、研究队伍建设

1. 实验室主任与学术带头人作用

实验室主任是本领域高水平的学术带头人,具有较强的组织管理能力,能够团结和凝聚队伍,全身心投入实验室工作,在实验室的建设和发展中起到主导作用。

实验室在各个研究方向有高水平的学术带头人和学术骨干,学术带头人为本领域有影响的学者,对本领域的科学现状和发展有深刻理解,学术思想活跃,研究成果显著。

2. 队伍结构与创新团队建设

实验室能够吸引和稳定一支高水平、多学科的人才队伍,持续开展深入、系统的研究。队伍结构合理,并在长期合作基础上围绕主要研究方向形成若干活跃的创新团队。

实验室人员在知名国际、国内学术组织或学术期刊中担任重要职务,在国家、行业、地方科技计划中担任咨询专家。实验室学术骨干在主要研究方向上开展工作,并为代表性成果的主要完成人。

3. 青年骨干人才引进和培养

制定了引进和培养优秀青年人才的政策措施,聚集和稳定了一批优秀青年人才。实验室各主要方向优秀青年人才承担科研任务情况及取得的研究成果情况,特别是40岁以下研究骨干比例及作用。青年骨干人员的成长情况,如获得人才计划支持、赴高水平研究机构访学等。

4. 访问学者与博士后研究人员

建立访问学者制度,保持一定数量的访问学者在实验室开展合作研究,吸引国内外同领域实验室研究人员到本实验室开展访问学者研究工作。吸引国内外优秀博士毕业生等青年人才到实验室开展博士后研究工作。

三、学科发展与人才培养

1. 推动所依托学科、交叉学科和新兴学科发展

实验室的科学研究及人才培养能够对所依托学科的建设发展起到重要的支撑作用,通过发挥优势特色,提高水平和层次,达到本领域国内领先或国际先进水平。

通过开展跨学科的交叉研究和队伍建设,形成新的研究方向,推动交叉学科和新兴学科的发展。

2. 科教融合推动教学发展

实验室固定人员承担教学任务,开设主讲课程,将本领域前沿研究情况、实验室科研成果等通过多种方式转化为教学资源,并对其他机构的人才培养发挥辐射作用。实验室获得国家级、省部级教学奖励。

3. 研究生与本科生培养情况

(1) 实验室是本学科领域高水平科研人才的重要培养基地,培养质量获得同行认可。

(2) 研究生能够参与实验室承担的科研任务,发表较高水平的学术论文,积极参加国际学术交流并在高水平学术会议上发表论文和报告等。

(3) 实验室能够吸纳一定数量的优秀本科生进入实验室,参与科学研究。

(4) 实验室能够开展跨院系、跨学科的人才交流和培养,并积极与科研机构和行业企业联合培养创新人才。

四、开放交流与运行管理

1. 开放课题与科学传播

实验室围绕主要研究方向设置开放课题,吸引国内外优秀人才与实验室开展合作研究,产出高质量的开放研究成果。

实验室开展科学知识传播,定期向社会公众特别是学生开放,开展科普活动等。

2. 国内外学术交流与合作

(1) 实验室坚持开展高水平、高层次和实质性的国内外学术交流与合

作,重视吸引高水平学者到实验室开展学术活动。

(2)积极参与国际重大科学研究计划,积极承办和参加国际性、全国性、地区性学术会议。

3. 实验室日常管理、内部制度和网站建设

(1)学术委员会由国内外同领域高水平专家组成,提倡聘请外籍专家担任学术委员会委员,并逐步达到一定比例。学术委员会应当按时召开会议,并对实验室发展、学术方向把握、研究人员聘用及评价考核等发挥重要作用。

(2)实验室具有宽松民主、潜心研究的学术环境,注重学风建设,具有良好的创新文化氛围,激励创新的政策措施得力。

(3)实验室规章制度健全,日常管理科学有序。开放课题立项、经费支出、人员聘用等重大事项决策公开透明。人员岗位职责明确,研究资料完整,环境整洁。

(4)实验室网站运行良好,信息丰富并且更新及时,按照规定应公开的内容能够按时发布并可供查验。

4. 仪器设备使用与共享

实验室研究条件满足科研工作需要并具有特色。仪器设备使用率高,建立了大型仪器设备开放和共享机制。实验室具备仪器设备的自主研制和更新改造能力,开展实验技术方法的创新。

5. 依托高校支持

(1)成立了实验室建设和运行管理委员会。

(2)将实验室基本运行经费纳入学校年度预算,并落实每年基本运行经费不低于100万元。

(3)在学科建设、人才引进和队伍建设、研究生培养指标、自主选题研究等方面对实验室给予重点支持。

(4)保障实验室仪器设备和科研用房相对集中。

(5)按照《教育部重点实验室建设与运行管理办法》要求,每年对实验室进行年度考核,并针对所存在的问题提出改进措施,及时协调解决实验室发展中的重大问题。

附录六 教育部办公厅关于加强高等学校科研基础设施和科研仪器开放共享的指导意见

教技厅〔2015〕4号

各省、自治区、直辖市教育厅（教委），新疆生产建设兵团教育局，有关部门（单位）教育（科技）司（局），部属各高等学校：

为贯彻落实《国务院关于国家重大科研基础设施和大型科研仪器向社会开放的意见》（国发〔2014〕70号）精神，切实推进高等学校科研基础设施和科研仪器（以下简称科研设施与仪器）的全面开放、充分共享，提高科研设施与仪器使用、配置的效率和效益，提出以下指导意见。

一、总体目标

加强开放共享，服务创新。加快推进高等学校科研设施与仪器在保障本校教学科研基本需求的前提下向其他高校、科研院所、企业、社会研发组织等社会用户开放共享，并提供专业化服务，实现资源共享，充分释放服务潜能，支持创新创业，支持小型微型企业发展，为实施创新驱动发展战略和创新创业提供有效支撑。

合理配置资源，提高效率。有力促进高等学校统筹管理现有科研设施与仪器，合理布局新增科研设施与仪器，避免重复建设和购置，杜绝闲置浪费现象，切实提高科研设施与仪器的利用效率和效益。

二、组织管理

1. 加强引导和督查。高等学校的上级主管部门将高等学校科研设施与仪器开放共享水平和评估结果作为基地管理、科研管理的考评内容之一，把开放共享综合考评结果与规划发展再投入安排相结合，引导高等学校科研设施与仪器的共享共用。主管部门指导和监督高等学校向社会公布科研设施与仪器开放共享制度、实施情况及具体做法，并开展不定期督查。

2. 强化法人主体责任。高等学校是本单位科研设施与仪器开放共享的责任主体,要强化法人责任,切实履行实施科研设施与仪器开放共享职责。学校应设立由校领导牵头的工作组,统筹协调各相关职能部门,并明确专门管理机构和管理职能,制定本校科研设施与仪器开放共享实施细则,报上级主管部门备案,并负责具体实施。

3. 明确分级管理职责。高等学校应建立学校和下属二级单位共同推进本校科研设施与仪器开放共享的管理体制,明确学校、院系、研究团队分级管理职责,协同做好科研设施与仪器开放共享工作。

三、重点工作

1. 建立开放共享机制。高等学校应建立科学有效的科研设施与仪器开放共享服务管理制度,认真梳理本校已有科研设施与仪器整体情况,包括设备原值、功能类型、专业领域、运行和开放共享情况等,建立符合学校实际的科研设施与仪器开放共享机制。除涉密、功能特殊、技术要求特殊、研究目的特殊等仪器设备之外,其他用于教学科研且具有一定共性需求的科研设施与仪器,特别是单台套价值在50万元以上的科研设施与仪器,均应纳入开放共享范围,提供开放共享服务。

2. 建设信息服务平台。高等学校应建立科研设施与仪器管理和开放共享的网络信息和服务平台,实现科研设施与仪器配置、管理、服务、监督、评价的有机衔接,并根据主管部门和地方政府要求统一纳入国家与地方网络管理平台,逐步形成跨学校、跨领域、多层次的网络服务体系。

3. 加强人才队伍建设。高等学校根据本单位科研设施与仪器开放、运行、使用和维护的技术需求,合理配置实验技术人员岗位,建立专业化、职业化技术服务队伍。要制定实验技术人员的岗位、培训、薪酬、评价和激励政策,充分调动技术服务人员积极性、稳定实验技术人才队伍,不断提高实验技术水平和开放服务水平。

4. 创新完善管理模式。高等学校可以借鉴分析测试中心或同类型大型仪器公共平台的模式,建立学校实体公共服务平台集中集约管理,也可以通过信息化手段建立分散配置但统一管理的虚拟公共平台,鼓励探索联合企业和社会力量参与科研设施与仪器服务机构建设管理和开展社会化服务的新模式。

5. 建立成本核算和服务收费管理机制。高等学校应按照成本补偿和非盈利性原则,建立科研设施与仪器开放服务收费管理机制,合理制定公开透明的成本核算和服务收费标准。开放共享服务收入纳入学校预算,由学校统一管理,并接受上级主管部门的监督。

6. 建立分类考核评价办法。对于通用科研设施与仪器,重点评价用户使用率、用户评价、有效服务机时、服务质量以及相关研究成果的产出、水平与贡献。对于专用科研设施与仪器,重点评价是否有效使用,是否有效组织了高水平的科研设施与仪器应用专业团队以及相关研究成果的产出、水平与贡献。

7. 建立激励和调控机制。构建用户参与的绩效评价体系,探索开放共享后补助机制和校内调配制度,把科研设施与仪器开放共享效果与仪器新购和维护的资源投入挂钩,并根据开放效果和用户评价,对提供开放共享服务的单位和技术人员给予绩效奖励,调动科研设施与仪器开放共享积极性。

8. 加强信息安全和知识产权保护。用户独立开展科学实验形成的知识产权由用户自主拥有,成果发表时应明确标注利用科研设施与仪器情况。高等学校要加强网络防护和网络环境下数据安全管理,依法保护用户身份信息以及在使用科研设施与仪器过程中形成的科学数据、技术秘密和知识产权。

教育部办公厅
2015 年 12 月 25 日

附录七 国家重大科研基础设施和大型科研仪器开放共享管理办法

国科发基〔2017〕289号

第一章 总 则

第一条 为推动国家重大科研基础设施和大型科研仪器的开放共享,充分释放服务潜能,提高使用效率,根据《中华人民共和国科学技术进步法》、《国务院关于国家重大科研基础设施和大型科研仪器向社会开放的意见》(国发〔2014〕70号),制定本办法。

第二条 本办法所指的国家重大科研基础设施和大型科研仪器(以下简称科研设施与仪器)主要包括政府预算资金投入建设和购置的用于科学研究和技术开发活动的各类重大科研基础设施和单台套价值在50万元及以上的科学仪器设备。

对于单台套价值在50万元以下的科学仪器设备,由管理单位自愿申报,主管部门择优纳入国家网络管理平台。

第三条 本办法所称管理单位是指科研设施与仪器所依托管理的法人单位。

本办法适用于中央级研究开发机构、高等院校以及其他机构。

第四条 本规定所称的开放共享,是指管理单位将科研设施与仪器向社会开放,由其他单位、个人用于科学研究和技术开发的行为。

第五条 科研设施与仪器原则上都应当对社会开放共享,为其他高校、科研院所、企业、社会研发组织以及个人等社会用户提供服务,尤其要为创新创业、中小微企业发展提供支撑保障。法律法规另有特殊规定的除外。

第六条 免税进口仪器设备纳入国家网络管理平台对外开放,应符合国家的有关规定。对于纳入国家网络管理平台统一管理、符合支持科技创新进口税收政策规定的免税进口的科学仪器设备,在符合监管的条件下准予用于其他单位的科学研究、科技开发和教学活动,未经海关审核同意不得擅自转让、移作他用或者进行其他处置。

第二章 管理职责

第七条 科技部牵头负责科研设施与仪器开放共享的宏观管理与综合

协调,其主要职责是:

(1) 按国务院要求协调、推动和监督科研设施与仪器开放共享工作;

(2) 研究制定科研设施与仪器开放共享的政策措施和标准规范;

(3) 会同有关部门建立和管理科研设施与仪器国家网络管理平台,指导管理单位建立在线服务平台;

(4) 会同有关部门建立考核评价制度,组织开展科研设施与仪器开放共享评价考核工作。

第八条 财政部协同推动科研设施与仪器的开放共享工作,主要职责是:

(1) 会同有关部门开展科研设施与仪器开放共享的评价考核工作;

(2) 依据评价考核结果对科研设施与仪器开放效果好、用户评价高的管理单位通过后补助机制予以支持;

(3) 会同有关部门,根据评价考核结果,推动科研设施与仪器优化配置。

第九条 国务院有关部门(以下简称主管部门)在推动科研设施与仪器开放共享的主要职责是:

(1) 建立健全本部门科研设施与仪器开放共享的政策和规章制度,鼓励直属研究机构、高等院校及其他单位分享仪器设备、实验平台等创新资源。

(2) 审核所属管理单位报送至国家网络管理平台的科研设施与仪器相关信息,监督指导本部门所属管理单位的开放共享工作。

(3) 组织开展本部门所属管理单位开放共享的评价考核。按照国家开放共享评价考核工作的要求,组织做好相关工作。

第十条 管理单位是科研设施与仪器开放共享的责任主体,主要职责是:

(1) 落实国家有关政策要求,制定本单位科研设施与仪器开放共享规章制度;

(2) 建立健全科研设施与仪器开放共享的激励和约束机制;

(3) 建设科研设施与仪器开放共享在线服务平台;

(4) 加强实验技术人才队伍建设;

(5) 配合有关部门做好开放共享评价考核工作,并接受社会监督。

第三章 开 放 共 享

第十一条 管理单位应当自科研设施与仪器完成安装使用验收之日起

30个工作日内,将符合开放条件的科研设施与仪器的有关信息按照统一标准及要求报送至国家网络管理平台。报送采取网络上传方式,需经上级行政主管部门审核。

第十二条 管理单位应按照统一的标准规范建立在线服务平台,把科研设施与仪器纳入国家网络管理平台统一管理,公布科研设施与仪器目录、开放共享管理制度、服务方式、服务内容、服务流程、收费标准等信息,实时提供在线服务。

科研设施与仪器不纳入国家网络管理平台应有正当理由,由管理单位提出申请,经主管部门审核同意后,报科技部备案。

第十三条 管理单位提供开放共享服务,应当与用户订立合同,约定服务内容、知识产权归属、保密要求、损害赔偿、违约责任、争议处理等事项。

第十四条 管理单位提供开放共享服务可按照成本补偿和非盈利原则收取费用,开放服务收费标准应采取适当方式向社会公布。行政事业单位相关收入按国有资产有偿使用收入有关规定执行。

第十五条 管理单位要建立完善的科研设施与仪器运行和开放情况记录,每季度向国家网络管理平台报送一次。报送方式和流程参照第十一条规定办理。

第十六条 管理单位应建立和稳定高水平专业化的实验技术队伍,在岗位设置、业务培训、薪酬待遇、职称晋升和评价考核等方面实行富有激励性的政策措施。

第十七条 管理单位应当建立知识产权管理工作机制,保护科研设施与仪器用户身份信息及在使用过程中形成的知识产权和科学数据。

用户独立开展科学实验形成的知识产权由用户自主拥有;用户与管理单位联合开展科学实验形成的知识产权,双方应事先约定知识产权归属或比例。

用户使用科研设施与仪器形成的著作、论文等发表时,应明确标注利用科研设施与仪器情况。

第四章 考核和奖惩

第十八条 科技部会同相关部门按照分类、分级、分步的原则,制定考核标准和办法,组织实施科研设施与仪器开放共享评价考核工作,在国家网络管理平台上公布考核结果。

第十九条 评价考核应按照科研设施与仪器不同类型特点制定相应的考核指标,实施分类考核。国家重大科技基础设施的考核要符合《国家重大科技基础设施管理办法》的有关规定。

第二十条 评价考核采取试点先行、分步实施的方式组织开展。选择科研仪器多、大型仪器集中、开放共享需求大的管理单位先行考核，在取得经验的基础上逐步推开。

第二十一条 财政部会同有关部门，根据评价考核结果和财政预算管理的要求，对开放服务效果好、用户评价高的管理单位，安排后补助经费予以支持，调动管理单位开放共享积极性。

考核结果应作为科研设施与仪器建设和配置的依据。有关部门要结合考核结果和仪器设备资产存量情况，对拟新建设施和新购置仪器开展查重评议工作，避免资源重复建设。

第二十二条 利用政府预算资金购置大型科学仪器、设备后，不履行大型科学仪器、设备等科学技术资源共享使用义务的，由有关主管部门责令改正，对直接负责的主管人员和其他直接责任人员依法给予处分。

第二十三条 对于使用效率低、开放效果差、考核结果较差的管理单位，科技部会同有关部门将给予警告、公开通报并责令其限期整改；并视情节采取核减管理单位修缮购置资金、在申报科技计划（专项、基金）项目时不准购置仪器设备等措施予以约束。

对于通用性强但使用率比较低、开放共享差的科研设施与仪器，可以按规定在部门内或跨部门无偿划拨，管理单位也可以在单位内部调配。

第五章 附 则

第二十四条 本办法由科技部负责解释。

第二十五条 有关部门按照本办法结合实际制定或修订相关管理规定和实施细则。地方可参照本办法执行。

第二十六条 本办法自公布之日起施行。

附录八 促进国家重点实验室与国防科技重点实验室、军工和军队重大试验设施与国家重大科技基础设施的资源共享管理办法

国科发基〔2018〕63号

第一章 总 则

第一条 为落实中共中央、国务院、中央军委关于经济建设和国防建设融合发展的工作任务,加强军民融合,统筹推进国家重点实验室与国防科技重点实验室、军工和军队重大试验设施与国家重大科技基础设施的资源共享,提高资源利用效率,释放服务潜能,提升协同创新能力,规范相关管理工作,制定本办法。

第二条 本办法所指的国家重点实验室与国防科技重点实验室、军工和军队重大试验设施与国家重大科技基础设施(以下简称实验室及设施)的资源主要包括科研设施与仪器设备、科学数据、实验材料等。

科研设施与仪器设备是指用于科学研究和技术开发活动的实验(试验)设施和科学仪器设备。

科学数据是指通过基础研究、应用研究、试验开发产生的数据以及通过观测监测、考察调查、检验检测等方式取得并可用于科学研究活动的原始数据及其衍生数据。

实验材料是指用于科学研究和技术开发活动的实验样本(样品)、实验用试剂、标准物质、实验动物、微生物菌种资源等。

第三条 本办法所称的实验室是军民开展科技创新的基地,国家重点实验室与国防科技重点实验室通过资源共享,共同组织基础研究和应用基础研究,整体提升军民协同创新能力。本办法所称的设施是军民开展科学研究和技术开发的科研基础条件平台,军工和军队重大试验设施与国家重大科技基础设施通过优质资源的有效集成,形成服务于协同创新活动的支撑能力。

第四条 实验室及设施的资源原则上应对外开放共享,并为科技创新

活动提供支撑服务。法律法规、相关管理办法和保密制度另有特殊规定的按其规定执行。

第二章 管理职责

第五条 科技部、国家发展改革委、国防科工局、军委装备发展部、军委科技委等部门是推进实验室及设施资源共享的宏观管理部门(以下简称宏观管理部门),主要职责是:

1. 建立军民会商协调机制,设立管理办公室,统筹推进实验室及设施资源共享;
2. 强化问题导向,制定完善促进实验室及设施资源共享的政策措施;
3. 组织开展实验室及设施资源共享执行情况的评价考核;
4. 指导部门和地方政府相关管理部门开展实验室及设施资源共享工作。

第六条 有关部门和地方政府相关管理部门是开展实验室及设施资源共享工作的主管部门(以下简称主管部门),主要职责是:

1. 组织开展本部门实验室及设施资源共享工作,建立健全组织管理体系、规章制度和保密条例;
2. 定期开展本部门实验室及设施资源共享工作检查,跟踪掌握工作进展情况;
3. 盘活本部门实验室及设施资源存量,统筹增量,按照分级分类原则,核准并发布相关资源的共享目录;
4. 参与跨部门、跨区域实验室及设施资源共享工作。

第七条 依托单位是实验室及设施资源共享工作的责任主体,主要职责是:

1. 落实推进实验室及设施资源共享的各类规章制度,创新管理运行机制,完善相关配套条件;
2. 负责实验室及设施运行管理和资源共享服务中的知识产权保护。负责签署资源共享服务合同,约定服务内容、相关保密要求等事项。组织编制实验室及设施资源共享目录;
3. 开展实验室及设施资源共享的人才队伍建设,在人员编制、薪酬待遇、职称晋升和业务培训等方面给予倾斜;
4. 开展实验室及设施资源共享时,可依据相关规定,采取有偿或无偿的方式进行。军队所属单位要按照中央军委"全面停止有偿服务活动"相关政策执行。

第三章 信息互通

第八条 宏观管理部门将会同主管部门建立实验室及设施资源共享的信息互通机制和渠道。推动重大科研基础设施和大型科研仪器国家网络管理平台、国家军民融合公共服务平台、国家军民技术成果公共服务平台、全军武器装备采购信息网等网络信息平台互联互通，实现信息共享。

第九条 依托单位应按照分级分类原则，负责组织编制实验室及设施资源共享目录，经主管部门保密审查核准通过后，依据相关规定，由主管部门采取适当方式发布。

第十条 依托单位在相关网络信息平台上，依据相关规定，发布实验室及设施资源共享的服务内容、服务方式、服务流程等相关信息，并提供线上线下服务。

第四章 双向开放

第十一条 实验室应按照资源共享要求，加强国家重点实验室和国防科技重点实验室双向开放、相互融合和有效集成，开展协同创新能力建设。

第十二条 设施应按照资源共享要求，通过设置开放共享服务公开区域和涉密区域方式，开展国防科技重点实验室、军工和军队重大试验设施的降解密工作，有效盘活资源存量，实现军工和军队重大试验设施与国家重大科技基础设施的融通衔接和协同共用。

第十三条 实验室及设施应加强资源共享的供需对接，集中优质资源，为科技创新提供有针对性的规范化、专业化资源共享服务。

第十四条 实验室及设施可通过互聘兼职教授（研究员）、互派客座研究人员、联合培养人才等方式促进专业技术人才的双向交流和资源共享。

第五章 协同创新

第十五条 国家重点实验室开展前瞻性、前沿性、颠覆性基础研究和军民共用技术研究，引领带动学科领域发展。国防科技重点实验室开展创新性的应用基础和关键技术研究。实验室及设施应聚焦经济建设和国防建设融合发展需求，围绕基础研究和应用基础研究，联合提出重大科学技术问题，共同申报并承担国家、国防各类科技计划和军队科研计划项目。

第十六条 实验室及设施可通过建立联盟等多种合作形式，促进交叉学科、相近领域、相同地域实验室及设施资源共享，提升协同创新能力。

第十七条 实验室及设施应参与军民科技协同创新平台、国家军民融合创新示范区建设的相关工作,面向区域科技创新需求提供资源共享服务,发挥辐射带动作用。

第六章 评价考核

第十八条 宏观管理部门将会同主管部门组织开展实验室及设施资源共享执行情况评价考核,并通过适当方式公布评价考核结果。

第十九条 评价考核要根据实验室及设施在资源开放共享中不同的定位和作用,分别制定相应的考核指标,实行分类评价考核。

第二十条 评价考核结果将作为实验室及设施新建、调整和经费支持的重要依据。对于评价考核结果较差的实验室及设施将给予警告、公开通报并责令其限期整改。

第二十一条 实验室及设施资源共享执行情况评价考核工作应与国家重点实验室、国防科技重点实验室、军工和军队重大试验设施、国家重大科技基础设施的评价考核相结合,在相应的评价考核指标体系中增设实验室及设施资源共享情况评价指标。

第二十二条 主管部门和依托单位要加强对本部门本单位实验室及设施资源共享工作的监督管理,重点检查实验室及设施开展资源共享工作的进展情况、服务质量和服务水平。

第七章 附 则

第二十三条 本办法由科技部会同相关部门负责解释。

第二十四条 本办法自发布之日起实施。

附录九 纳入国家网络管理平台的免税进口科研仪器设备开放共享管理办法(试行)

国科发基〔2018〕245号

第一章 总 则

第一条 为落实《国务院关于国家重大科研基础设施和大型科研仪器向社会开放的意见》(国发〔2014〕70号),推动免税进口科研仪器设备开放共享,根据党中央、国务院关于推进科技领域"放管服"改革的要求,按照"简化程序、优化监管"的原则,依据《财政部 海关总署 国家税务总局关于"十三五"期间支持科技创新进口税收政策的通知》(财关税〔2016〕70号),制定本办法。

第二条 本办法所称"国家网络管理平台",是指为推进国家重大科研基础设施和大型科研仪器向社会开放,由科技部会同有关部门和地方建立,用以实现科研仪器配置、管理、服务、监督、评价的统一开放的网络管理平台。

第三条 本办法所称"免税进口科研仪器设备",是指纳入国家网络管理平台统一管理,享受支持科技创新进口税收政策,处于海关监管年限内的免税进口科研仪器设备(有特殊规定的除外)。

免税进口科研仪器设备海关监管年限届满的,不纳入本办法管理。

第四条 本办法所称"管理单位",是指免税进口科研仪器设备所依托管理的科学研究机构、技术开发机构和高等学校等法人单位。

管理单位应建立免税进口科研仪器设备开放共享管理制度和开放共享台账,真实准确记录免税进口科研仪器设备用于开放共享的情况;在不涉密条件下,按照数据报送规范如实向国家网络管理平台报送管理单位基本信息(包括变更情况)、开放共享管理制度信息、免税进口科研仪器设备基本信息、开放共享服务记录以及开放共享台账(模板)等相关信息(以下统称"免税进口科研仪器设备开放共享相关信息")。

第五条 本办法所称"开放共享",是指管理单位按照《国务院关于国家重大科研基础设施和大型科研仪器向社会开放的意见》《财政部 海关总

署 国家税务总局关于"十三五"期间支持科技创新进口税收政策的通知》及其他有关政策规定,将免税进口科研仪器设备用于其他单位的科学研究、科技开发和教学活动。

管理单位在将免税进口科研仪器设备开放共享前,应按本办法第二章规定办理海关手续。

第六条 科技部负责建设和运行国家网络管理平台,制定发布数据报送规范,指导管理单位建设在线服务平台并按照数据报送规范向国家网络管理平台报送免税进口科研仪器设备开放共享相关信息。

国家网络管理平台向中国电子口岸实时传输管理单位报送的免税进口科研仪器设备开放共享相关信息。

第七条 海关总署指导各直属海关按规定对免税进口科研仪器设备开放共享实施监督管理。

第八条 国务院有关部门以及省、自治区、直辖市、计划单列市和新疆生产建设兵团科技主管部门(以下简称"主管部门")负责审核确认本部门、本地区管理的管理单位报送至国家网络管理平台的免税进口科研仪器设备开放共享相关信息,监督指导管理单位如实、准确、按时报送相关信息。

第二章 开放共享程序

第九条 管理单位在将免税进口科研仪器设备开放共享服务前,应按规定事先向所在地海关(以下简称"主管海关")提出申请。

第十条 管理单位符合下列条件的,可向主管海关申请按简易程序办理免税进口科研仪器设备开放共享有关手续:

(一)已建立免税进口科研仪器设备开放共享管理制度;

(二)已建立免税进口科研仪器设备开放共享台账(模板),承诺完整记录开放共享服务时间、服务类型、服务内容、服务对象等情况信息;

(三)已按照数据报送规范,将免税进口仪器设备基本信息报送至国家网络管理平台,并已经主管部门审核;

(四)截至申请之日,近一年内未因违反规定擅自将免税进口科研仪器设备转让、移作他用或者进行其他处置而被处罚,近三年内未因擅自将免税进口科研仪器设备转让、移作他用或者进行其他处置而被追究刑事责任。

第十一条 管理单位申请适用简易程序的,应在将免税进口科研仪器设备开放共享前,向主管海关提出申请,并提交《管理单位适用简易程序申请表》(格式见附件1)。

主管海关自接受管理单位申请之日起10个工作日内,对照国家网络管理平台传输的管理单位报送的免税进口科研仪器设备相关信息等进行审核。经审核符合适用简易程序条件的,主管海关出具《适用简易程序通知书》(格式见附件2,以下简称《通知书》)。

自海关出具《通知书》之日起,管理单位可以将免税进口科研仪器设备用于开放共享。管理单位应将《通知书》编号,及时上传至国家网络管理平台。

适用简易程序的管理单位,可不必在每次将免税进口科研仪器设备开放共享前,向主管海关提出申请。

第十二条 已适用简易程序的管理单位,连续3次及以上未按本通知第十六条规定报送免税进口科研仪器设备开放共享情况,或者出现本通知第十条(四)情形的,暂停适用简易程序。管理单位应将主管海关出具的《暂停适用简易程序告知书》(格式见附件3)编号,及时上传至国家网络管理平台。

管理单位整改后符合适用简易程序条件的,可以向主管海关重新申请适用简易程序。

第十三条 对于管理单位未申请适用简易程序的,经主管海关审核不符合适用简易程序条件的,暂停管理单位适用简易程序的,以及管理单位主动申请不再适用简易程序的(以下简称"非适用简易程序的"),管理单位应按照现行规定,在每次将免税进口科研仪器设备开放共享前向主管海关提出申请。

经主管海关审核同意,管理单位可以将免税进口科研仪器设备用于开放共享。管理单位应将海关审核同意文件的编号,及时上传至国家网络管理平台。

第十四条 免税进口科研仪器设备开放共享一般不得移出本单位,因特殊情况确需短期或临时移出本单位使用的,应于移出前向主管海关提出申请。

经主管海关审核同意的,管理单位可以将免税进口科研仪器设备短期或临时移出本单位使用,并在使用结束后及时运回本单位。管理单位应将海关审核同意文件的编号,及时上传至国家网络管理平台。

第十五条 免税进口科研仪器设备开放共享应当用于科学研究、科技开发和教学活动。管理单位确需将免税进口科研仪器设备用于其他用途,应按规定事先向主管海关提出申请。

第十六条 适用简易程序的,管理单位应于每月10日前,将上月已开展的免税进口科研仪器设备开放共享服务记录报送至国家网络管理平台。

非适用简易程序的,管理单位应于每季度首月 10 日前,将上季度已开展的免税进口科研仪器设备服务记录报送至国家网络管理平台。

第三章 监督管理

第十七条 免税进口科研仪器设备开放共享情况纳入海关年报管理。管理单位应于每年 6 月 30 日前,将本单位上一年度纳入国家网络管理平台管理的免税进口科研仪器设备开放共享情况汇总后,向主管海关报告。

第十八条 主管部门应加强对本部门、本地区管理的管理单位免税进口科研仪器设备开放共享情况的监督,将管理单位报送信息的真实性、完整性、及时性和开放共享台账实际运行情况等纳入对管理单位开放共享的评价考核。

主管部门发现管理单位存在应报未报、报送信息不完整不及时,以及开放共享台账记录不准确的,应督促管理单位限期整改,并将发现的问题及管理单位整改情况及时告知有关直属海关。

第十九条 科技部将管理单位免税进口科研仪器设备开放共享相关信息报送质量、开放共享管理制度执行情况等,纳入对管理单位开放共享的评价考核。

第二十条 主管海关以国家网络管理平台传输的免税进口科研仪器设备开放共享相关信息为基础,加强对免税进口科研仪器设备开放共享情况的抽查监督。

对管理单位违反规定,擅自将免税进口科研仪器设备转让、移作他用或进行其他处置的,按照相关规定处罚。

第四章 附 则

第二十一条 本办法由科技部、海关总署负责解释。

第二十二条 本办法自 2018 年 12 月 1 日起试行。

附件 1 管理单位适用简易程序申请表

单位名称			
组织机构代码		统一社会信用代码	
单位通信地址			

续表

法定代表人	姓名：		职务：	
	办公电话：			
免税进口科研仪器设备开放共享负责人	姓名：		职务：	
	办公电话：		手机号码：	
申请内容及承诺事项	海关： 　　根据《纳入国家网络管理平台的免税进口科研仪器设备开放共享管理办法(试行)》有关规定,本单位经自我评估,认为符合适用简易程序条件,现向你关提出申请。 　　本单位承诺： 　　1. 遵守免税进口科研仪器设备开放共享相关规定。 　　2. 免税进口科研仪器设备开放共享仅用于其他单位的科学研究、科技开发和教学活动,不擅自转让、移作他用或者进行其他处置。 　　3. 真实准确记录免税进口科研仪器开放共享情况,按规定报送至国家网络管理平台。 　　如有违反,愿承担相应责任。 　　　　　　　　　　　　　　　　　　　申请单位(签章) 　　　　　　　　　　　　　　　　　　　　年　月　日			
备注				

注：其他需要说明事项填入备注栏。

附件2　适用简易程序通知书

编号：

(管理单位名称)：

　　经审核,你单位符合《纳入国家网络管理平台的免税进口科研仪器设备开放共享管理办法(试行)》有关规定,同意你单位按简易程序办理免税进口科研仪器设备开放共享有关手续。

主管海关(盖章)

年 月 日

附件3 暂停适用简易程序告知书

编号：

(管理单位名称)：

根据《纳入国家网络管理平台的免税进口科研仪器设备开放共享管理办法(试行)》有关规定,经审核,暂停你单位按简易程序办理免税进口科研仪器设备开放共享有关手续。

你单位整改后符合适用简易程序条件的,可以向我关重新申请适用简易程序。

主管海关(盖章)

年 月 日

郑重声明

高等教育出版社依法对本书享有专有出版权。任何未经许可的复制、销售行为均违反《中华人民共和国著作权法》，其行为人将承担相应的民事责任和行政责任；构成犯罪的，将被依法追究刑事责任。为了维护市场秩序，保护读者的合法权益，避免读者误用盗版书造成不良后果，我社将配合行政执法部门和司法机关对违法犯罪的单位和个人进行严厉打击。社会各界人士如发现上述侵权行为，希望及时举报，本社将奖励举报有功人员。

反盗版举报电话　（010）58581999　58582371　58582488
反盗版举报传真　（010）82086060
反盗版举报邮箱　dd@hep.com.cn
通信地址　北京市西城区德外大街4号
　　　　　高等教育出版社法律事务与版权管理部
邮政编码　100120